贯彻落实教育规划纲要，推进教育体制改革

# 中国民办教育发展报告 2016

周海涛　钟秉林　等著

北京师范大学出版集团
BEIJING NORMAL UNIVERSITY PUBLISHING GROUP
北京师范大学出版社

图书在版编目(CIP)数据

中国民办教育发展报告.2016/周海涛，钟秉林等著.—北京：
北京师范大学出版社，2018.6
ISBN 978-7-303-23799-9

Ⅰ.①中… Ⅱ.①周… ②钟… Ⅲ.①社会办学—研究报
告—中国—2016 Ⅳ.①G522.74

中国版本图书馆 CIP 数据核字(2018)第 113240 号

营 销 中 心 电 话　010-58805072　58807651
北师大出版社高等教育与学术著作分社　http://xueda.bnup.com

ZHONGGUO MINBAN JIAOYU FAZHAN BAOGAO 2016
出版发行：北京师范大学出版社 www.bnup.com
　　　　　北京市海淀区新街口外大街 19 号
　　　　　邮政编码：100875
印　　刷：保定市中画美凯印刷有限公司
经　　销：全国新华书店
开　　本：787 mm×1092 mm　1/16
印　　张：11
字　　数：185 千字
版　　次：2018 年 6 月第 1 版
印　　次：2018 年 6 月第 1 次印刷
定　　价：68.00 元

策划编辑：陈红艳　　　　责任编辑：赵媛媛
美术编辑：李向昕　　　　装帧设计：李向昕
责任校对：韩兆涛　　　　责任印制：马　洁

# 课 题 组

组　长　周海涛　钟秉林

成　员　张墨涵　朱玉成　郭二榕　史少杰

李　彤　罗　炜　景安磊　刘永林

闫丽雯　梁晶晶　李　虔　方　芳

马艳丽　施文妹

# 前　言

　　民办教育是社会力量兴办教育的客观反映，目前已经形成了多层次、多方式、多领域的发展新格局，面临着发展速度较快和政策机制滞后并存的难题。在全面贯彻新的五大发展理念和实现市场化、法治化、信息化等多重转型背景下，民办教育的进一步发展亟须做好经验总结、理论创新和政策准备。深入研究民办教育师生发展现状、师生发展热点和国内外研究趋势，有利于优化教育结构、改进决策质量、提高治理能力，同时可以为改进师生发展环境、提升办学质量提供有效借鉴。

　　基于上述背景，《中国民办教育发展报告2016》的编撰主要着力于2016年民办教育发展概况和民办高校系统内部，尤其是教师和学生发展情况。课题组近年来致力于收集全国31个省、自治区和直辖市的民办教育基本数据，分阶段建设民办教育数据库，为政策决策提供数据支持。鉴于民办教育数据库建设是一项分阶段的系统工程，2016年的民办高校师生数据库共采集63所民办高校的教师6739人、学生52878人的有效数据样本，分类分层分析样本情况，持续丰富完善民办教育数据库。本报告分为三个部分。

　　第一部分是"民办高校师生发展基本状况"。该部分主要从教学效能感、教学策略、教师领导力、能力发展、环境满意度五个维度分析了民办高校教师发展状况，从情绪智力、学习能力、就业能力、创业能力、获得感五个维度分析了民办高校学生发展状况。民办高校师生发展取得了巨大成绩，诞生了一批在推进师生发展方面有特色和高质量的样板高校。从总体来看，"以质量求生存，以特色求发展"仍是民办高校师生发展永恒的主题。民办高校教师发展存在的问题主要在于，疏于改善的教学管理理念、不尽合理的教学管理队伍结构、有限的培训进修机会、不完善的教学管理制度等。民办高校学生学习状况也存在一些问题，不论是学习基础、能力技能，还是学习的积极性、主动性和创造性都还不尽如人意。政府、社会和民办高校要共同努力，不断拓展教师职后教育的新路径，更新教学组织形式和方法，同时为学生创业提供更多的学习环境、展示平台和政策支持。

第二部分是"民办高校师生发展热点分析"。该部分主要从教师群体的互信关系、集体工作、交流方式、系统思考四个方面剖析了教师领导力，从创业意愿、创业风险认知、创业技能、创业环境评价四个方面分析了学生创业能力。研究发现，民办高校教师领导力受多种因素影响并存在群体差异，民办高校学生创业能力也存在一些群体差异。密切关注这些差异，可以有效促进民办高校师生的健康发展。

第三部分是"2016 年民办教育研究趋势与动向"。该部分通过对 2016 年国内外民办教育发展的文献梳理和文本分析，对民办教育总体发展状况及未来发展动向进行总结与评述。梳理国内民办教育研究相关文献发现，现有研究涉及民办教育面临的困境和发展瓶颈、外部治理和政策扶持、内部治理和监督制衡、分类管理政策和实施、法人属性与产权属性、教师权益保障和队伍建设、人才培养和学生权益保障方面。分析国外私立教育相关文献发现，现有研究涉及政府教育改革和政府扶持、私立教育对教育公平的影响、学生发展与能力提升、教师发展与队伍建设方面。此外，私立学校教育质量的研究越来越成为本领域同人研究的关注点。

各部分内容要点如下。

# 一、民办高校师生发展基本状况

## （一）研究技术报告

本章分析我国民办教育发展的背景，提出民办高校师生发展报告的研究目标，确定研究群体的样本范围，运用问卷调查、统计分析与可视化技术等方法，直观呈现当前我国民办高校师生发展的概况和热点难点问题。本研究采用北京师范大学中国民办教育研究院科研团队自主研发的民办教育师生发展量表，调查研究对象涵盖东部、中部、西部三个地区 63 所民办高校的师生样本，其中教师有效样本数为 6739 人，学生有效样本数为 52878 人。

## （二）教师发展基本状况

本章通过调查全国 63 所民办高校 6739 名教师的发展基本情况，展示了教师教学效能感、教学策略、领导力、能力发展、环境满意方面的发展情况。样本中，教学效能感的得分均值为 4.04；教学策略的得分均值为 3.97；教师领导力的得分均值为 4.05，在各项指标中均值最高；能力发展的得分均值为 3.96；环境满意度的得分均值为 3.76，在各项指标中均值最低。总体上，民办高校教师发展状况良好。教师领导力、教学效能感和教学策略水平均值较高，情况较好；但在一些方面还有提升空间，如教师对学生投入度不够、教学策略亟须发展、系统思考能力有待提高、科研能力需要提升、福利待遇亟待提高。未来，亟须改进教师管理模式，促进民办高校师生交流制度化；提高教师教学技能，增强教师教学策略运用水平；实施教师轮岗制度，培养民办高校教师系统思考能力；制定科研激励政策，激发民办高校教师科研潜力；清理各类歧视政策，落实民办高校教师待遇。

## （三）学生发展基本状况

本章通过调查全国 63 所民办高校 52878 名学生的发展基本情况，展示了学生情绪智力、学习能力、就业能力、创业能力、获得感方面的发展情况。样本中，情绪智力的得分均值为 3.85，在各项指标中均值最高；学习能力的得分均值为 3.64；就业能力的得分均值为 3.81；创业能力的得分均值为 3.62，在各项指标中均值最低；获得感的得分均值为 3.77。总体上，民办高校学生整体发展水平较好。学生的情绪智力、就业能力和获得感处于较高水平；但在具体分析过程中也发现一些问题，如民办高校学生的创业能力有待提高、学习能力有待加强、情绪调节能力较弱、就业核心技能尚有发展空间、参与机会和认同程度有待提高。未来，国家应坚持推动"双创"教育，为学生创业提供更多的学习环境、展示平台和政策支持；学校应加强就业指导，为学生提供更多的专业实习机会，并为学生提供必要的学业和专业指导。

# 二、民办高校师生发展热点分析

## （一）教师领导力分析

本章聚焦民办高校教师领导力的发展状况，通过分析互信关系、集体工作、交流方式、系统思考四个维度，发现民办高校教师互信关系状况良好，均值为 4.05；教师集体工作状况一般，均值为 4.03；教师交流方式状况良好，均值为 4.11，在教师领导力各维度中均值最高；教师系统思考状况一般，均值为 4.01，在教师领导力各维度中均值最低。差异分析结果表明，民办高校教师领导力受多种因素影响并存在群体差异，主要体现在学校办学层次、性别、身份、年龄、教龄、在本校工作年限、受教育程度、职称、任教学科、承担课程数、周授课学时、上班单程用时、年收支水平、职务方面。

## （二）学生创业能力分析

本章聚焦民办高校学生创业能力的发展状况，通过分析创业意愿、创业风险认知、创业技能、创业环境评价四个维度，发现民办高校学生创业意愿较强，均值为 3.69，在学生创业能力各维度中均值最高；学生创业风险认知水平较高，均值为 3.67；学生创业技能水平一般，均值为 3.62；学生创业环境评价一般，均值为 3.53，在学生创业能力各维度中均值最低。差异分析结果表明，民办高校学生创业能力受多种因素影响并存在群体差异，主要体现在就读专业层次、性别、独生子女情况、担任学生干部（社团负责人）情况、兼职情况、学校办学层次、年龄、年级、录取方式、专业所属学科、专业满意度、家庭所在地、父母最高学历、相对月支出方面。

# 三、2016 年民办教育研究趋势与动向

## （一）国内研究趋势

本章借助中国知网（CNKI），以"民办教育""民办学校""民办高等教育""民办高校""社会力量办学""私立教育""私立学校""民办院校"为关键词，检索到文献 1524 篇。梳理相关文献发现，大量研究集中在民办高校、民办高等教育，举办者、教育质量、教育改革、分类管理、办学行为等是研究的热点所在。现有研究涉及民办教育面临的困境和发展瓶颈、外部治理和政策扶持、内部治理和监督制衡、分类管理政策和实施、法人属性与产权属性、教师权益保障和队伍建设、人才培养和学生权益保障。从研究内容来看，政策研究较少，特别是政策梳理和政策比较有待加强；从研究方法来

看，方法论单一化，学理性研究较多，实证性研究不足；从研究区间来看，现状研究较多，历史研究不够，关注学段呈现"一边倒"的趋势。

## （二）国际研究动向

本章借助 Web of Science 数据库，以"private education""private school""private higher education/private universities"为关键词，检索到文献 1615 篇。梳理国际私立教育相关文献发现，国际私立教育研究关注点是私立教育的选择、成就、质量、绩效、政策、竞争等。私人辅导和影子教育逐渐成为研究的热点，其频次和中心性均进入前十位。现有国际私立教育研究主要涉及政府教育改革和政府扶持对私立教育发展的影响；私立教育对教育公平的影响，包括促进作用和负面影响；对私立学校学生发展的研究较为具体，主要集中在学生行为习惯、心理发展和学业成绩等方面；国外私立学校教师研究主要集中在教师队伍建设、能力素质、专业发展等方面。此外，虽然私立教育发展状况以及各国政府对私立教育的态度不尽相同，但是通过梳理已有文献发现，政府私立教育发展政策、私立教育对教育公平的影响、私立学校师生发展、私立学校教育质量是各国学者关注的重点。

# 目　录

# 第一部分

## 民办高校师生发展基本状况

### 研究技术报告

一、研究背景
二、研究目标
三、研究对象
四、研究方法
五、测量工具

### 教师发展基本状况

一、教学效能感
二、教学策略
三、教师领导力
四、能力发展
五、环境满意度

### 学生发展基本状况

一、情绪智力
二、学习能力
三、就业能力
四、创业能力
五、获得感

# 第一章 研究技术报告

**内容提要**

本章主要分析我国民办教育发展的背景，提出民办高校师生发展报告的研究目标，确定研究群体的样本范围，并介绍了所采用的研究方法以及编制测量工具和施测的全过程。

## 一、研究背景

改革开放以来，民办教育不断发展壮大，形成了从学前教育到高等教育、从学历教育到非学历教育，层次类型多样、充满生机活力的发展局面。2016年，全国共有各级各类民办学校 17.10 万所，比上年增加 8253 所；在校学生 4825.47 万人，比上年增加 253.95 万人。其中，民办高等学校 742 所，比上年增加 8 所；本专科在校生 616.20 万人，比上年增加 19.68 万人。"十二五"期间，民办高等教育的发展，对完成高等教育毛入学率 40% 的目标起到了重要作用。

习近平总书记曾指出，我们的人民热爱生活，期盼有更好的教育，期盼孩子们能成长得更好。民办教育的发展，有效地丰富了教育服务供给，创新了教育体制机制，为满足人民群众多样化教育需求和经济社会发展需要做出了积极贡献。

一是扩大了教育资源供给。民办教育的发展，弥补了公办教育资源的不足，增加了教育资源的有效供给。同时，提供了多样化的教育服务，满足了人民群众特色化、选择性的教育需求。

二是缓解了公共财政压力。民办教育的发展，调动了多元投资主体兴办教育的积极性，开辟了社会资源向教育资源转化的有效渠道。"十二五"期间，按照各级各类学校的生均经费标准折算，举办和发展民办教育，每年约节省公共财政 2500 亿元。

三是拉动了地方经济发展。2016 年,各级各类民办学校总占地面积达到 10.92 亿平方米,总校舍建筑面积 5.61 亿平方米,教职工 423.40 万人。发展民办教育对加大基础设施建设、带动周边产业、创造就业岗位、拉动地方经济起到了积极作用。

四是创新了办学体制机制。民办教育经过近四十年的发展,凭借自身体制机制优势,在内部治理、提升质量、培养模式等方面进行了大胆探索,在改革办学体制、管理体制、运行机制等方面积累了丰富经验。

总体来看,民办教育已经成为中国特色社会主义教育事业的重要组成部分,成为促进教育改革发展的重要力量。民办高等教育发展已由过去的重视规模、结构、质量、效益向全面提高教育质量和人才培养质量、提升科研水平、增强社会服务能力、优化结构办出特色等方面转变。

《中国民办教育发展报告 2016》在民办教育大发展的背景下,将视线锁定我国民办高校师生的发展问题,旨在从提高民办高校教育质量、改进科研工作、服务市场需求、办出学校特色出发,聚焦于全面促进师生发展水平。

## 二、研究目标

本研究采用北京师范大学中国民办教育研究院科研团队自主研发的民办教育师生发展量表,通过量化统计分析与可视化技术,直观呈现当前我国民办高校师生发展的热点难点问题。研究成果供教育行政部门、民办学校、学界同人以及广大师生参考使用。具体目标如下:

①掌握民办高校师生发展现状;

②开发运用民办教育师生发展量表;

③探寻民办高校师生发展各方面的差异性;

④剖析民办高校师生发展的热点问题;

⑤丰富民办教育发展数据库;

⑥为政府提供民办教育决策依据。

# 三、研究对象

本研究的调查研究对象是我国民办高校的教师与学生。此次调查研究的区域涵盖全国东部、中部、西部三个地区的代表省份。教师样本包括不同性别、年龄、职称和受教育程度的教师群体，学生样本包括不同性别、年级、学科和家庭经济状况的学生群体。

## (一)抽样决断

本研究选取了东部、中部、西部三个地区的 63 所民办高校的师生样本。教师有效样本数为 6739 人，学生有效样本数为 52878 人。如表 1-1-1 所示，东部地区教师 1336 人，中部地区教师 3405 人，西部地区教师 1998 人。

表 1-1-1　教师样本区域分布表

| 省份 | 人数 | 百分比 |
| --- | --- | --- |
| 东部地区 | 1336 | 19.8％ |
| 中部地区 | 3405 | 50.5％ |
| 西部地区 | 1998 | 29.7％ |

如表 1-1-2 所示，东部地区学生 8842 人，中部地区学生 20487 人，西部地区学生 23549 人。

表 1-1-2　学生样本区域分布表

| 省份 | 人数 | 百分比 |
| --- | --- | --- |
| 东部地区 | 8842 | 16.7％ |
| 中部地区 | 20487 | 38.8％ |
| 西部地区 | 23549 | 44.5％ |

## (二)样本特征

### 1. 教师

教师有效样本数为 6739 人。从性别看，女教师共 4137 人（占整体的 61.4％），男教师共 2602 人（占整体的 38.6％），如图 1-1-1 所示。

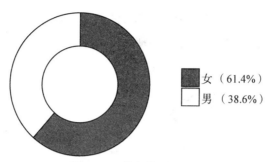

图 1-1-1　教师性别分布图

从年龄看，31～35 岁教师共 2308 人（占整体的 34.2%），26～30 岁教师共 2136 人（占整体的 31.7%），36～40 岁教师共 992 人（占整体的 14.7%），41～50 岁教师共 477 人（占整体的 7.1%），25 岁及以下教师共 449 人（占整体的 6.7%），51～60 岁教师共 209 人（占整体的 3.1%），61 岁及以上教师共 168 人（占整体的 2.5%），如图 1-1-2 所示。

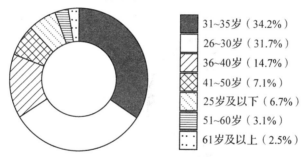

图 1-1-2　教师年龄分布图

从职称看，中级职称教师共 2926 人（占整体的 43.4%），初级职称教师共 1833 人（占整体的 27.2%），无职称教师共 1000 人（占整体的 14.8%），副高级职称教师共 798 人（占整体的 11.9%），正高级职称教师共 182 人（占整体的 2.7%），如图 1-1-3 所示。

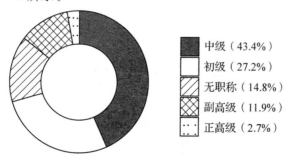

图 1-1-3　教师职称分布图

从受教育程度看，硕士研究生学历教师共 3895 人（占整体的 57.8%），学士本科学历教师共 2462 人（占整体的 36.5％），专科及以下学历教师共 168 人（占整体的 2.5％），博士研究生学历教师共 107 人（占整体的 1.6％），其他学历教师共 107 人（占整体的 1.6％），如图 1-1-4 所示。

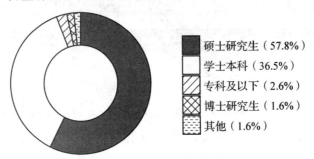

图 1-1-4　教师受教育程度分布图

**2. 学生**

学生有效样本数为 52878 人。从性别看，女生共 28212 人（**占整体的 53.4％**），男生共 24666 人（占整体的 46.6％），如图 1-1-5 所示。

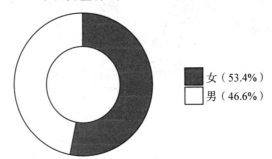

图 1-1-5　学生性别分布图

从年级看，大一学生共 25521 人（占整体的 48.3％），大二学生共 18301 人（占整体的 34.6％），大三学生共 7748 人（占整体的 14.6％），大四学生共 1245 人（占整体的 2.4％），大五学生（医学专业本科为五年）共 63 人（占整体的 0.1％），如图 1-1-6 所示。

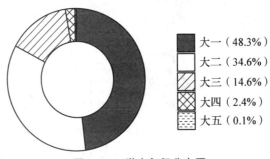

图 1-1-6　学生年级分布图

从专业所属学科看，工学学生共 16590 人（占整体的 31.4%），管理学学生共 10833 人（占整体的 20.5%），经济学学生共 8320 人（占整体的 15.7%），艺术学学生共 7467 人（占整体的 14.1%），文学学生共 2829 人（占整体的 5.4%），医学学生共 2470 人（占整体的 4.7%），理学学生共 2177 人（占整体的 4.1%），教育学学生共 1593 人（占整体的 3.0%），法学学生共 319 人（占整体的 0.6%），农学学生共 229 人（占整体的 0.4%），哲学学生共 51 人（占整体的 0.1%），如图 1-1-7 所示。

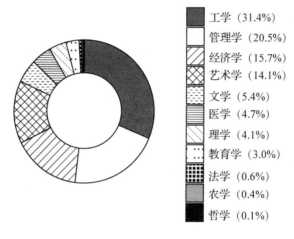

**图 1-1-7　学生专业所属学科分布图**

从经济状况看，与周围同学相比，月支出相对周围同学持平的学生共 31183 人（占整体的 59.0%），相对少的学生共 13803 人（占整体的 26.1%），相对很少的学生共 4161 人（占整体的 7.8%），相对多的学生共 3105 人（占整体的 5.9%），相对很多的学生共 626 人（占整体的 1.2%），如图 1-1-8 所示。

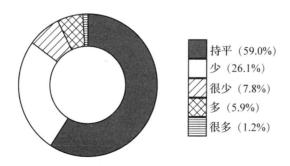

**图 1-1-8　学生经济状况分布图**

# 四、研究方法

## (一)调查方式

本研究采用问卷调查和访谈相结合的方式，量化研究与质性研究相融合，努力析出较为可靠的研究结论。调查问卷以国内外相关研究的经典理论为依据，遵循问卷设计规则，由研究团队自主开发设计而成。问卷发放采用纸质填写与网络作答相结合的方式，由各省协调人负责协调、督促问卷作答任务。为保证作答真实有效，在委托前向有关负责人说明本次研究的目的、操作方法和注意事项。

## (二)分析方法

研究团队通过多元统计方法分析问卷调查回收的数据。回收数据使用 SPSS 统计软件录入和分析，并运用 R 语言软件和 AMOS 软件进行统计分析。分析侧重于各群体发展的差异性比较，主要采用得分平均数比较法，以圆环图、雷达图、点状图、核密度图、折线图等形式呈现研究结果；同时重视各差异量之间的显著性检验和问卷信效度检验。

## (三)撰写特点

本报告的撰写以客观反映民办高校发展现状、尊重数据结果为原则，重在呈现结果而非主观判断，力求简洁、明晰、准确，突出可视化图形的直观表述。

# 五、测量工具

## (一)工具设计

本研究的测量工具分为民办高校教师问卷和学生问卷。教师问卷包括五个量表：教学效能感量表、教学策略量表、教师领导力量表、能力发展量表和环境满意度量表，如图 1-1-9 所示。

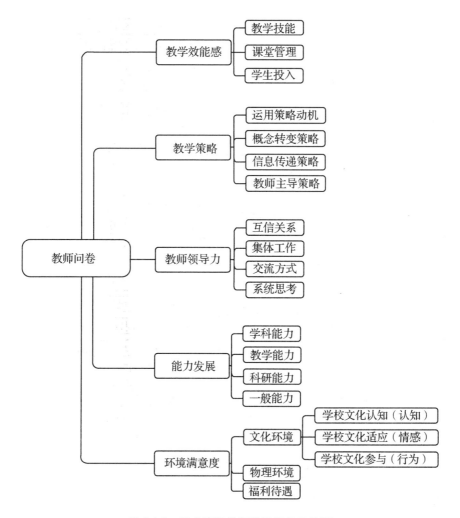

图 1-1-9　民办高校教师发展测量工具图

学生问卷包括五个量表：情绪智力量表、学习能力量表、就业能力量表、创业能力量表和获得感量表，如图 1-1-10 所示。

## (二)工具可靠性

### 1. 教师量表的信度

如表 1-1-3 所示，教学效能感量表内部一致性信度为 0.966，教学技能、课堂管理和学生投入的内部一致性信度都大于 0.9[①]。教师教学效能感量表的信

————————

① 内部一致性信度系数大于 0.5，即可进行团体施测。

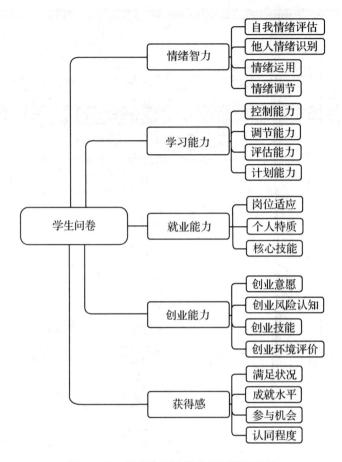

图 1-1-10　民办高校学生发展测量工具图

度系数达到团体施测的水平。

教学策略量表内部一致性信度为 0.918，运用策略动机、概念转变策略、信息传递策略和教师主导策略的内部一致性信度都大于 0.6。教师教学策略量表的信度系数达到团体施测的水平。

教师领导力量表内部一致性信度为 0.965，互信关系、集体工作、交流方式和系统思考的内部一致性信度都大于 0.8。教师领导力量表的信度系数达到团体施测的水平。

能力发展量表内部一致性信度为 0.966，学科能力、教学能力、科研能力和一般能力的内部一致性信度都大于 0.9。教师能力发展量表的信度系数达到团体施测的水平。

环境满意度量表内部一致性信度为 0.961，文化环境、物理环境和福利待遇的内部一致性信度都大于 0.9。教师环境满意度量表的信度系数达到团体施测的水平。

表 1-1-3　教师量表信度表

| 测量指标 | 子维度 | 子维度（alpha） | 指标（alpha） |
|---|---|---|---|
| 教学效能感 | 教学技能 | 0.920 | 0.966 |
| | 课堂管理 | 0.925 | |
| | 学生投入 | 0.932 | |
| 教学策略 | 运用策略动机 | 0.744 | 0.918 |
| | 概念转变策略 | 0.820 | |
| | 信息传递策略 | 0.758 | |
| | 教师主导策略 | 0.628 | |
| 教师领导力 | 互信关系 | 0.888 | 0.965 |
| | 集体工作 | 0.882 | |
| | 交流方式 | 0.909 | |
| | 系统思考 | 0.908 | |
| 能力发展 | 学科能力 | 0.920 | 0.966 |
| | 教学能力 | 0.915 | |
| | 科研能力 | 0.938 | |
| | 一般能力 | 0.915 | |
| 环境满意度 | 文化环境 | 0.957 | 0.961 |
| | 物理环境 | 0.919 | |
| | 福利待遇 | 0.937 | |

**2. 学生量表的信度**

如表 1-1-4 所示，情绪智力量表内部一致性信度为 0.959，自我情绪评估、他人情绪识别、情绪运用和情绪调节的内部一致性信度都大于 0.8。学生情绪智力量表的信度系数达到团体施测的水平。

学习能力量表内部一致性信度为 0.968，控制能力、调节能力、评估能力和计划能力的内部一致性信度都大于 0.8。学生学习能力量表的信度系数达到团体施测的水平。

就业能力量表内部一致性信度为 0.973，岗位适应、个人特质和核心技能的内部一致性信度都大于 0.8。学生就业能力量表的信度系数达到团体施测的水平。

创业能力量表内部一致性信度为 0.964，创业意愿、创业风险认知、创业技能和创业环境评价的内部一致性信度都大于 0.8。学生创业能力量表的信度系数达到团体施测的水平。

获得感量表内部一致性信度为 0.963，满足状况、成就水平、参与机会和认同程度的内部一致性信度都大于 0.8。学生获得感量表的信度系数达到团体施测的水平。

表 1-1-4　学生量表信度表

| 测量指标 | 子维度 | 子维度（alpha） | 指标（alpha） |
|---|---|---|---|
| 情绪智力 | 自我情绪评估 | 0.877 | 0.959 |
|  | 他人情绪识别 | 0.903 |  |
|  | 情绪运用 | 0.904 |  |
|  | 情绪调节 | 0.929 |  |
| 学习能力 | 控制能力 | 0.911 | 0.968 |
|  | 调节能力 | 0.908 |  |
|  | 评估能力 | 0.904 |  |
|  | 计划能力 | 0.895 |  |
| 就业能力 | 岗位适应 | 0.887 | 0.973 |
|  | 个人特质 | 0.934 |  |
|  | 核心技能 | 0.950 |  |
| 创业能力 | 创业意愿 | 0.925 | 0.964 |
|  | 创业风险认知 | 0.883 |  |
|  | 创业技能 | 0.915 |  |
|  | 创业环境评价 | 0.924 |  |
| 获得感 | 满足状况 | 0.913 | 0.963 |
|  | 成就水平 | 0.901 |  |
|  | 参与机会 | 0.892 |  |
|  | 认同程度 | 0.926 |  |

# 第二章　教师发展基本状况

**内容提要**

本章通过调查全国涵盖东部、中部、西部区域的民办高校教师发展基本情况，运用数据和图形展示了教师教学效能感、教学策略、教师领导力、能力发展、环境满意度方面的发展情况。

教师发展基本状况报告共包含五项测量指标，分别是教学效能感、教学策略、教师领导力、能力发展、环境满意度。如图 1-2-1 所示，样本中教师领导力均值为 4.05，在各项指标中均值最高；环境满意度均值为 3.76，在各项指标中均值最低。

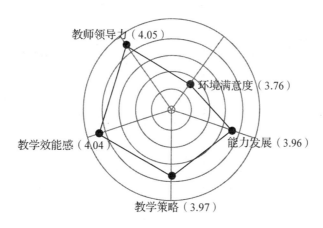

图 1-2-1　教师发展指标均值雷达图

# 一、教学效能感

## (一)总体情况

教师教学效能感整体状况良好。测量指标分为教学技能、课堂管理、学生投入三个维度。全国样本教师教学效能感均值为 4.04，在五项指标中位居第二。

## （二）维度比较

如图 1-2-2、图 1-2-3 所示，在教学技能、课堂管理、学生投入三个维度中，教师教学技能均值最高，达到 4.08，得分主要聚集在 4 分线上；教师对学生的投入均值相对较低，仅为 3.98，得分聚集在 4 分线周围。

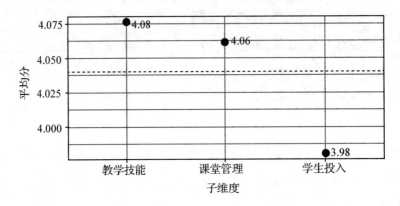

**图 1-2-2　教师教学效能感维度均值图**

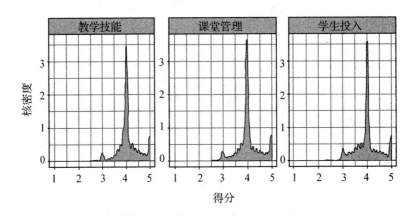

**图 1-2-3　教师教学效能感维度核密度图**

## （三）结果分析

从调研结果看，全国民办高校教师教学效能感均值为 4.04，在五项指标中位居第二，表明民办高校教师教学效能感整体水平较高，问题不显著。值得关注的是，教师对学生的投入均值仅为 3.98，在各维度中最低，表明民办高校教师教学效能感还有提升空间。

# 二、教学策略

## (一)总体情况

教师教学策略运用整体状况较好。测量指标分为运用策略动机、概念转变策略、信息传递策略、教师主导策略四个维度。全国样本教师教学策略均值为3.97，在五项指标中位居第三。

## (二)维度比较

如图1-2-4、图1-2-5所示，在运用策略动机、概念转变策略、信息传递策略、教师主导策略四个维度中，概念转变策略均值最高，达到4.04，得分主要聚集在4分线上；教师主导策略均值相对较低，仅为3.84，得分分散在3～5分线周围。

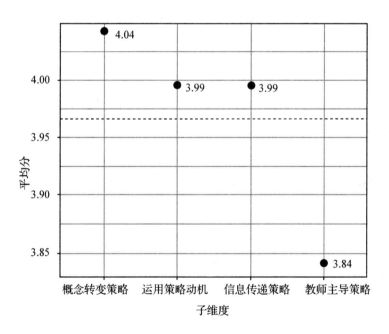

图1-2-4 教师教学策略维度均值图

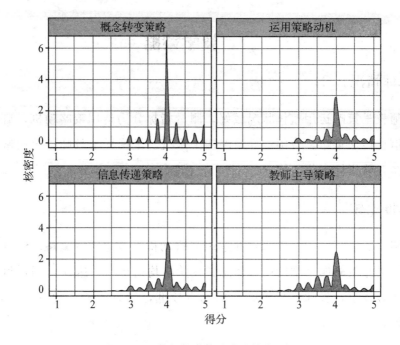

**图 1-2-5 教师教学策略维度核密度图**

## (三)结果分析

从调研结果看,全国民办高校教师教学策略水平均值为 3.97,在五项指标中位居第三,表明民办高校教师教学策略整体水平居中,问题不显著。值得关注的是,教师主导策略均值仅为 3.84,在各维度中最低,表明民办高校教师教学策略运用能力还有提升空间。

# 三、教师领导力

## (一)总体情况

教师领导力整体状况良好。测量指标分为互信关系、集体工作、交流方式、系统思考四个维度。全国样本教师领导力均值为 4.05,在五项指标中位居第一。

## (二)维度比较

如图 1-2-6、图 1-2-7 所示,在互信关系、集体工作、交流方式、系统思考四个维度中，教师交流方式能力均值最高，达到 4.11，得分主要聚集在 4 分线上；教师系统思考能力均值相对较低，仅为 4.01，得分聚集在 4 分线周围。

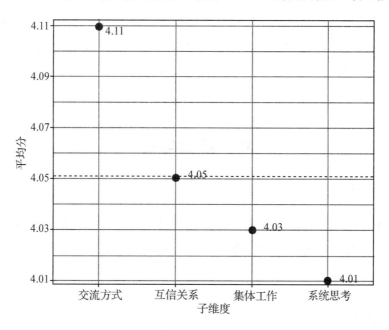

图 1-2-6　教师领导力维度均值图

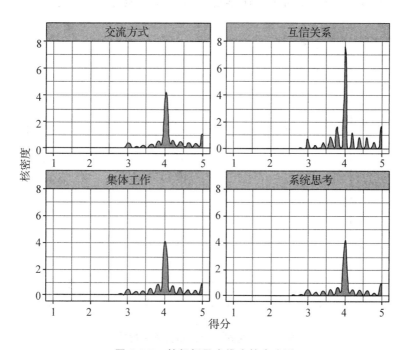

图 1-2-7　教师领导力维度核密度图

## (三)结果分析

从调研结果看，全国民办高校教师领导力均值为 4.05，在五项指标中位居第一，表明民办高校教师领导力整体水平良好，问题不显著。值得关注的是，教师系统思考能力均值仅为 4.01，在各维度中最低，表明民办高校教师系统思考能力还有提升空间。

# 四、能力发展

## (一)总体情况

教师能力发展整体状况一般。测量指标分为学科能力、教学能力、科研能力、一般能力四个维度。全国样本教师能力发展均值为 3.96，在五项指标中位居第四。

## (二)维度比较

如图 1-2-8、图 1-2-9 所示，在学科能力、教学能力、科研能力、一般能力

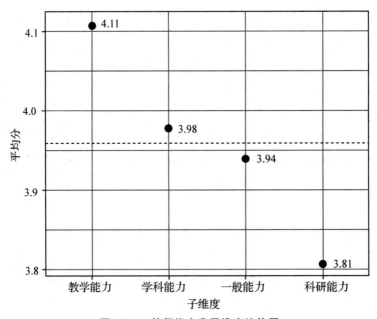

图 1-2-8　教师能力发展维度均值图

四个维度中，教师教学能力均值最高，达到 4.11，得分主要聚集在 4 分线上；教师科研能力均值相对较低，仅为 3.81，得分分散在 3～5 分线周围。

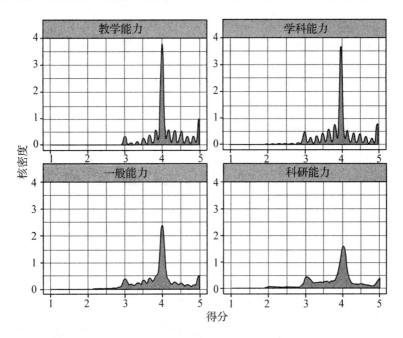

图 1-2-9　教师能力发展维度核密度图

## (三)结果分析

从调研结果看，全国民办高校教师能力发展均值为 3.96，在五项指标中位居第四，表明民办高校教师能力发展整体水平一般。值得关注的是，教师科研能力均值仅为 3.81，在各维度中最低，表明民办高校教师科研能力还有提升空间。

# 五、环境满意度

## (一)总体情况

教师环境满意度整体状况一般。测量指标分为文化环境、物理环境、福利待遇三个维度。全国样本教师环境满意度均值为 3.76，在五项指标中位居最后一位。

## (二)维度比较

如图 1-2-10、图 1-2-11 所示,在文化环境、物理环境、福利待遇三个维度中,教师对文化环境的满意度均值最高,达到 4.02,得分主要聚集在 4 分线上;教师对福利待遇的满意度均值相对较低,仅为 3.26,得分分散在 3～4 分线周围。

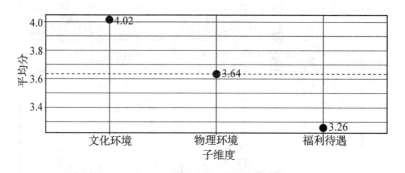

图 1-2-10　教师环境满意度维度均值图

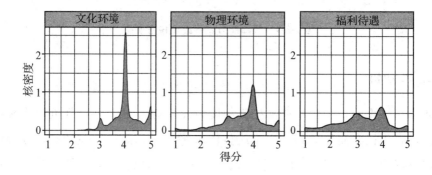

图 1-2-11　教师环境满意度维度核密度图

## (三)结果分析

从调研结果看,全国民办高校教师环境满意度均值为 3.76,在五项指标中位居第五,表明民办高校教师环境满意度整体水平较低,问题比较突出。值得关注的是,教师对福利待遇的满意度均值仅为 3.26,在各维度中最低,表明民办高校教师对福利待遇的满意度还有提升空间。

# 六、小结

总体而言，全国民办高校教师整体发展状况良好。教师领导力、教学效能感、教学策略均值较高，情况较好，但在一些具体方面还有提升空间。

## (一)突出问题与原因分析

第一，民办高校教师的教学效能感整体状况良好，但教师对学生投入度不够。民办高校师生关系较为和谐，但师生互动有待提高，主要表现在学生群体认为教师主动帮助学生的意愿不强，以及没有空余时间帮助学生。调研了解到，导致教师对学生投入度不够的原因主要是观念上和制度上的问题。观念上，民办高校教师缺乏对学校的认同，部分教师认为自己只是被雇佣的打工者，难以形成主人翁意识，以致缺乏责任心。制度上，很多学校没有为师生交流提供必要的制度支持和资源保障，教师与学生的交流时间、空间有限。

第二，民办高校教师的教学策略运用能力尚待提升。已有研究表明，教师教学策略的不同会直接影响教学效果的好坏，最终影响学生学习策略的获得及知识的掌握与能力的形成。民办高校教师主导策略运用水平整体状况较好，但还需提高教师主导策略运用能力，主要表现在教师还需提高对本学科知识的把握能力和对学生考核内容的选择能力。调研了解到，导致教师主导策略运用能力不够的原因主要是大学教学内容没有统一标准，不同教师对重点难点的把握以及教材的选择存在较大差异。

第三，民办高校教师的领导力整体状况良好，但系统思考能力还有提升空间。这主要表现在在学校多种情境中做决策的能力、作为合法者处理系统中出现的抵制的能力、分配资金和资源的能力、在必要的时候得到资源的能力不够。这与教师得到锻炼机会多少有关。调研了解到，导致民办高校教师系统思考能力不高的原因主要是教师工作的场所主要在教室，教师的定位仍是传统的授课者。随着大学自主权的扩大和现代大学治理理念的发展，大学赋予教师的责任越来越重，如何提高教师领导力成为新时期的热点问题。

第四，民办高校教师的能力发展整体状况一般，特别是科研能力有待加强。教师能力发展整体状况一般，尤其是教师科研能力水平稍低，主要表现在独立构思并选取有重大意义的科研选题、熟悉各级科研项目与申报程序、组织人员参与自己负责的科研项目、主动争取校内外科研资金支持、了解科研评奖的条件与流程、发表与转化科研成果的能力不够。调研了解到，导致民办高校教师科研能力不高的原因主要是民办高校科研政策不完善、科研经费不到位、教师科研基础较为薄弱等。民办高校教师科研能力不高直接影响民办高校走向高水平发展之路。

第五，民办高校教师的环境满意度不高，尤其是教师福利待遇满意度较低。全国民办高校教师整体对待遇的满意度都不高。一是薪酬待遇较低，归属感不强。民办高校资金来源单一，主要依靠学费积累，办学经费不足，致使教师工资待遇不高。由于近年来民办高校生源减少，经费收入下降，不少生源一般、效益一般的学校，教师的基本薪酬都难以保障。二是民办高校教师社会地位不高，缺乏社会认同。社会各界普遍认为，民办高校教师与公办高校教师相比地位低人一等。在社会地位悬殊观念的影响下，年轻教师不认同自己的身份，致使其业务成熟后纷纷跳槽，民办高校成为公办高校师资储备基地，这对民办高校的可持续发展造成很大压力。

## (二)对策建议

第一，改革教师管理模式，促进民办高校师生交流制度化。民办高校要构建新型和谐的高校师生关系，加强教师的师德修养，培养教师的爱岗敬业精神。同时，学校应建立各类师生交流平台，充分利用网络平台，建立班级网络日志、留言板等。教师通过多种联系方式，如手机、电子邮件、即时通信软件等，拉近与学生的距离。第一种也是最好的交流方式是面对面交流。学校可以提供场地，设立交流区，教师和学生可以在交流区自由交流。第二种也是最深刻的交流方式是书信交流或作业交流。第三种也是最高效的交流方式是网络交流。学校全面升级和运用"互联网＋"平台，为师生建立网络社区，并开发手机应用软件和微信平台，将即时通信技术应用到师生的内部网络圈。

第二，提高教师教学技能，增强教师教学策略运用水平。系统提高民办高校教师教学技能，一是要培养教师的教学管理能力，主要包括科学计划教学内容，适当分配学时，并充分利用教学场所等能力。二是要提高教师的专业水平。实现专业培养目标离不开培养教师的专业水准。正所谓"学高为师"，提高民办高校教师专业水平是提高教学质量的重要保障。三是要改进教师的教学方法。合理和恰当的教学方法是优秀教师必备的教学技能。年轻教师应熟练掌握并合理运用语言性教学方法、练习性教学方法、演示性教学方法、情境性教学方法等。四是要鼓励教师钻研教学艺术。课程教学是一门艺术，优秀的教师应在教学中以理化人、以情感人。

第三，实施教师轮岗制度，培养民办高校教师系统思考能力。提高教师领导力重点是提高教师的系统思考能力，培养教师善于发现问题、善于解决问题的能力。民办高校应充分发挥自身的制度灵活性，为教师提供更多的轮岗机会，锻炼教师的教学和管理等能力。一是通过不同岗位促进教师在不断反思、不断审视、不断诊断、理性思索中寻找解决问题的最佳方法；二是通过不同教师和管理者的深度交流促进教师在研究中学习，在互补共生中成长，使教师的专业水平在行动研究中螺旋上升，提升教师的实践智慧；三是通过教师转换角色，加深教师对不同利益相关者的诉求和思维模式的理解，综合提高教师领导力。

第四，制订科研激励政策，激发民办高校教师科研潜力。大学教师应该是学者型教师，而不仅仅是"教书匠"。教师科研能力是其专业能力发展的重要因素，也是高质量教学的本质动力。提高民办高校教师科研能力，应从政策扶持、资金资助、训练培训等多方面入手。一是制订科研激励政策。民办高校可以通过制定完善的科研奖励与考核政策，确定科研在教师工作任务中的重要地位，明确教师从事科研工作的任务。二是提供专项资金资助乐于参与科研工作的教师。民办高校可以设置科研奖励计划，如课题配套经费、发表论文或出版学术著作的奖励标准。三是加强教师科研训练与专门培训。民办高校可以通过鼓励教师与高水平大学科研工作者合作、独立主持科研项目、制订科研培训专项计划等形式强化教师训练。

第五，清理各类歧视政策，落实民办高校教师待遇。目前，国家高度重视民办教育发展，重视稳步提高民办学校教师待遇。各地方政府应切实提高民办高校教师工资待遇，确保民办高校在岗教职工的实际收入、社会保险、退休后待遇与本地区公办高校同层级的教职工等同。有关部门要制订具体时间表，让民办高校教师在资格认定、职称评审、进修培训、课题申请、评先选优、国际交流等方面与公办高校教师享受同等待遇，在户籍迁移、住房、子女就学等方面享受与当地同级同类公办高校教师同等的人才引进政策。

# 第三章　学生发展基本状况

**内容提要**

本章通过调查全国涵盖东部、中部、西部区域的民办高校学生发展基本情况，运用数据和图形展示了学生情绪智力、学习能力、就业能力、创业能力、获得感方面的发展情况。

学生发展基本状况报告共包含五项测量指标，分别是情绪智力、学习能力、就业能力、创业能力、获得感。如图 1-3-1 所示，样本中情绪智力均值为 3.85，在各项指标中均值最高；创业能力均值为 3.62，在各项指标中均值最低。

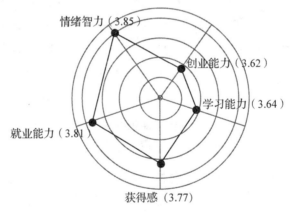

图 1-3-1　学生发展指标均值雷达图

# 一、情绪智力

## (一)总体情况

学生情绪智力发展整体状况良好。测量指标分为自我情绪评估、他人情绪识别、情绪运用、情绪调节四个维度。全国样本学生情绪智力均值为 3.85，在五项指标中位居第一。

## (二)维度比较

如图 1-3-2、图 1-3-3 所示，在自我情绪评估、他人情绪识别、情绪运用、情绪调节四个维度中，学生的自我情绪评估和他人情绪识别均值较高，分别为 3.90 和 3.89，得分主要聚集在 4 分线上；情绪调节均值相对较低，仅为 3.78，得分分散在 3～5 分线周围。

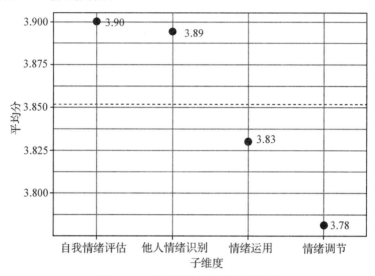

图 1-3-2　学生情绪智力维度均值图

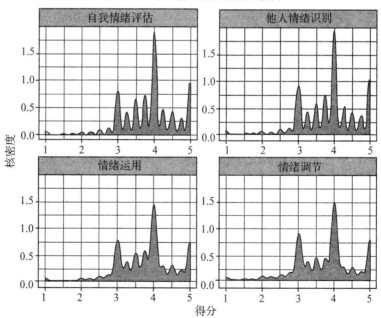

图 1-3-3　学生情绪智力维度核密度图

## （三）结果分析

从调研结果看，全国民办高校学生情绪智力均值为 3.85，在五项指标中位居第一，相比其他维度，发展水平要高，问题并不显著。值得关注的是，学生的情绪调节能力均值较低。

# 二、学习能力

## （一）总体情况

学生学习能力整体状况较好。测量指标分为控制能力、调节能力、评估能力、计划能力四个维度。全国样本学生学习能力均值为 3.64，在五项指标中位居第四。

## （二）维度比较

如图 1-3-4、图 1-3-5 所示，在控制能力、调节能力、评估能力、计划能力四个维度中，学生的控制能力均值最高，达到 3.68，得分分散在 3～4 分线周围；调节能力和评估能力在整体均值附近；计划能力均值相对较低，仅为 3.58，得分分散在 3～5 分线周围。

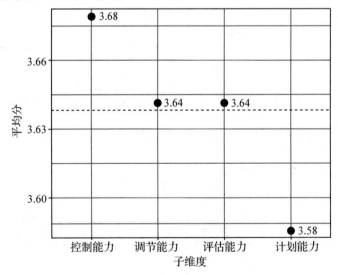

图 1-3-4　学生学习能力维度均值图

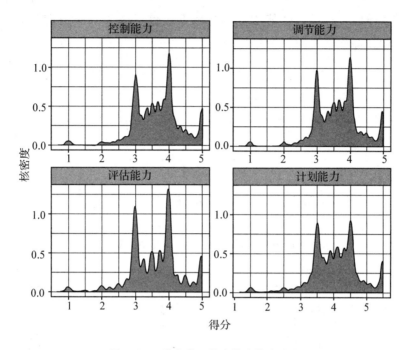

**图 1-3-5　学生学习能力维度核密度图**

## （三）结果分析

从调研结果看，全国民办高校学生学习能力均值为 3.64，在五项指标中位居第五，表明目前民办高校学生的学习能力发展水平一般，问题较为明显。值得关注的是，学生的学习计划能力问题尤为明显。

# 三、就业能力

## （一）总体情况

学生就业能力整体状况良好。测量指标分为岗位适应、个人特质、核心技能三个维度。全国样本学生就业能力均值为 3.81，在五项指标中位居第二。

## （二）维度比较

如图 1-3-6、图 1-3-7 所示，在岗位适应、个人特质、核心技能三个维度中，学生的岗位适应和个人特质维度得分均值较高，分别为 3.85 和 3.84，得分主要聚集在 4 分线上；核心技能均值相对较低，仅为 3.78，得分分散在 3～4 分线周围，相比前两个维度，差距较大。

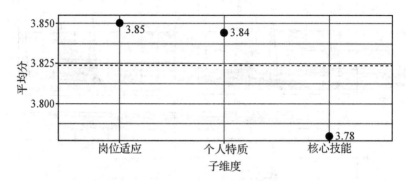

图 1-3-6 学生就业能力维度均值图

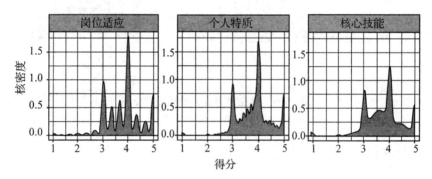

图 1-3-7 学生就业能力维度核密度图

## （三）结果分析

从调研结果看，全国民办高校学生就业能力均值为 3.81，在五项指标中位居第二，表明目前全国民办高校学生的就业能力水平较高，问题不明显。值得关注的是，学生在岗位适应和个人特质上水平较高，但核心技能水平有待提高。

# 四、创业能力

## （一）总体情况

学生创业能力整体状况一般。测量指标分为创业意愿、创业风险认知、创业技能、创业环境评价四个维度。全国样本学生创业能力均值为 3.62，在五项指标中位居最后一位。

## (二)维度比较

如图 1-3-8、图 1-3-9 所示，在创业意愿、创业风险认知、创业技能、创业环境评价四个维度中，创业意愿均值最高，达到 3.69，得分主要聚集在 4 分线上；创业环境评价均值相对较低，仅为 3.53，得分主要聚集在 3 分线上。

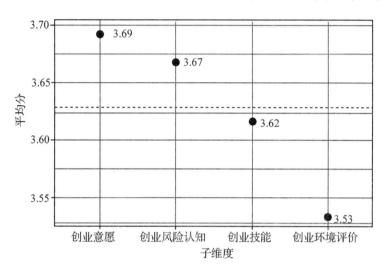

图 1-3-8　学生创业能力维度均值图

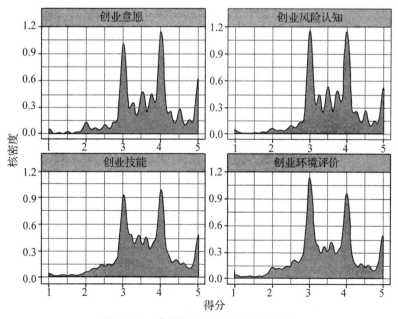

图 1-3-9　学生创业能力维度核密度图

## (三)结果分析

从调研结果看,全国民办高校学生创业能力均值为 3.69,在五项指标中位居第五,表明民办高校学生的创业能力发展整体水平较低,问题最为突出。值得关注的是,主观的创业意愿与客观的创业环境形成反差,表明很有必要改善学生创业环境。

# 五、获得感

## (一)总体情况

学生获得感整体状况良好。测量指标分为满足状况、成就水平、参与机会、认同程度四个维度。全国样本学生获得感均值为 3.77,在五项指标中位居第三。

## (二)维度比较

如图 1-3-10、图 1-3-11 所示,在满足状况、成就水平、参与机会、认同程度四个维度中,满足状况均值最高,达到 3.92,得分主要聚集在 4 分线上;参与机会和认同程度均值分别为 3.65 和 3.63,得分分散在 3~4 分线周围,与满足状况差距较大。

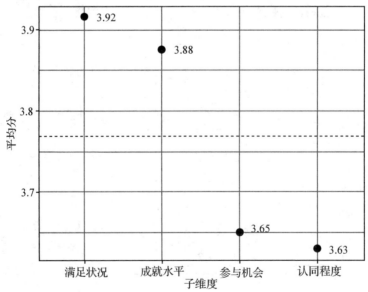

图 1-3-10　学生获得感维度均值图

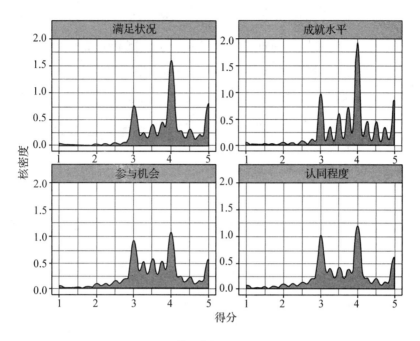

图 1-3-11　学生获得感维度核密度图

## （三）结果分析

从调研结果看，全国民办高校学生获得感均值为 3.77，在五项指标中位居第三，表明民办高校学生的获得感处于一般水平，问题不是很显著。值得关注的是，参与机会和认同程度均值明显较低，表明学生的学习参与和自我认同有待提高。

# 六、小结

总体而言，全国民办高校学生整体发展状况较好。学生的情绪智力、就业能力、获得感均值较高，但在一些具体方面还有提升空间。

## （一）突出问题与原因分析

第一，民办高校学生的情绪调节能力不强。尽管学生的情绪智力整体水平较高，但具体分析发现，学生在自我情绪评估和他人情绪识别方面比较好，而情绪调节能力较差。目前高校大学生的主体是"90后","90后"多为独生子女，这使得大学生在情绪感知方面有优势，但不善于控制和调节情绪，这不仅仅是民办高校学生面临的问题，也是"90后"大学生面临的普遍性困境。

第二，民办高校学生的学习能力有待提高。在五项指标中，学生的学习能力均值位于第四位，这说明民办高校学生在学习能力发展上存在困难。一般而言，民办高校的生源高考分数在二本或二本以下，民办高校学生在基础教育阶段未能形成良好的学习习惯和学习能力，这是一种结构性的困境。但同时，学习能力也与个人对学习的重视程度以及投入度有关。就分维度来讲，民办高校学生在计划能力上偏弱，这说明部分学生对学习采取的是"救火式"策略，缺少对学业生涯的整体规划。

第三，民办高校学生的就业核心技能有发展空间。民办高校学生的就业能力发展水平较好。就业是学生接受高等教育的一个主要目的，甚至是唯一目的。认识上的重视使学生通过行动获得就业能力的提高。但就分维度来讲，民办高校学生的核心技能均值较低。核心技能是核心竞争力，是找到好工作的关键所在。民办高校学生这方面的欠缺对将来就业将是一个劣势。之所以出现这种状况，一是由于民办高校学生缺乏这方面的意识，二是由于核心技能的培养需要巨大投入。

第四，民办高校学生的创业能力有待增强。在五项指标中，学生的创业能力均值位于最后一位。由于创业的高风险和文化等诸多因素，大学生的创业意识、能力和行为十分受限。在政府积极推动"双创"的时代背景下，民办高校学生创业能力仍有待提升。具体的分析过程显示，民办高校学生的创业意愿较高，但对创业环境表示悲观，这成为限制学生创业能力与行为的关键因素。

第五，民办高校学生的参与机会和认同程度有待提高。学生获得感是发展主体的判断，是衡量民办高校学生发展状况的一个非常关键的指标。分析结果表明，学生的参与机会和认同程度有待提高。学生参与是学生发展的关键所在。学生的参与机会少，一是源于民办高校资源有限，意识不强，没有能力为学生提供足够多的平台和机会；二是由于民办高校学生学业参与主动性有待提高。学生认同程度不高，主要是源于对学校的归属感不强。

## (二)对策建议

第一，积极推动民办高校学生心理健康教育，对"90后"大学生因材施教，培养他们调节和控制情绪的能力。在日常生活学习中，民办高校教师要不断鼓励学生克服不良情绪状态，培养积极乐观的心理品质。同时，学校应注意积极创设情境，让学生提前体验不良情绪的困扰，增强其心理抗压力，提高学生的满意度和获得感。

第二，激发学生学习热情，提高学生学习能力。建议民办高校组织教师为学生提供必要的学业和专业指导，引导学生认清大学阶段的学习不同于高中阶段，应不局限于成绩，而更加注重学有所获、学以致用。根据阿斯汀(Alexander W. Astin)等人的大学生发展理论，大学生学业成就的关键是学习投入和参与度。在自己的专业领域，民办高校学生仍然可以通过自己的努力而做出一番成就。

第三，民办高校应加强就业指导，积极推动学校就业指导中心建设，为学生提供更多的专业实习机会，培养学生的核心技能意识。民办高校应强化服务意识，及早制订毕业生工作计划，加强与各市、县(区)教育及人事部门的交流，主动开展供需见面活动，拓宽毕业生就业渠道。选派就业指导工作人员参加各种业务培训、进修交流活动，提高就业指导人员的职业素养。

第四，加大各级政府推动"双创"教育力度，为民办高校学生创业提供更多的学习环境、展示平台和政策支持。其中，在展示平台上应给予民办高校学生更大的支持，举办符合民办高校特色的创新创业比赛，充分发挥民办高校的优势。对于民办高校学生而言，应当充分认识时代趋势，积极发展创业能力和技能，利用政策环境，尝试创业。

第五，增加民办高校学生的参与机会，提高学生的整体获得感。民办高校体制机制较公办高校更为灵活，其经费主要来源于学生的学费。为提高学生的获得感，保障学校的招生规模与学业质量，民办高校应为学生提供更多的参与机会，包括校内和校外多种机会，如校内的活动组织、学校生活、校园管理等，并通过建立社会实践基地增加学生参与社会实践的机会。

# 第二部分

## 民办高校师生发展热点分析

### 教师领导力

一、互信关系
二、集体工作
三、交流方式
四、系统思考

### 学生创业能力

一、创业意愿
二、创业风险
三、创业技能
四、创业环境

# 第四章　教师领导力分析

**内容提要**

本章主要关注我国民办教育发展的热点问题，聚焦民办高校教师领导力的发展状况。通过分析互信关系、集体工作、交流方式、系统思考四个维度，研究发现民办高校教师领导力受多种因素影响，并存在群体差异。能力差异主要体现在学校办学层次、性别、身份、年龄、教龄、在本校工作年限、受教育程度、职称、任教学科、承担课程数、周授课学时、上班单程用时、年收支水平、职务等方面。

长期以来，教师都担任着课程领导、小组领导、部门领导或协会领导等角色。但在这些角色中，教师往往扮演着教育改革的"接受者"的角色，而不是教育政策的制定者、发起者。最近，国外的一些研究者开始强烈呼吁，要求转变教师的角色，增强教师的领导力。因此，"教师领导力""专业化发展""分布式领导"等概念逐渐成为目前学校改革与发展研究的关键词。如今，"提高教师领导力，促进学校发展"的观念已得到实践者和研究者的广泛认同。在西方国家，特别是美国、加拿大和澳大利亚，已经掀起了倡导教师领导力的浪潮，并在过去十年间开展了众多提高教师领导力的项目，使教师领导力获得了蓬勃的发展。

国外对教师领导力的研究伴随着学校效能与改进运动的发展，兴起于20世纪80年代，与教师专业化的讨论交织渗透。美国学者科亨和马奇（Cohen & March）从事了一项长达14年的跟踪性研究，对41位美国大学校长的调查表明，绝大多数大学处于有组织的无政府状态，校长的领导力受到了目标模糊性、技术水平和个人经验的制约。1992年，美国学者罗伯特·伯恩鲍姆（Robert Birnbaum）通过对变革型校长领导和魅力型校长领导的描述和分析，指出了在复杂多变的大学组织之中不同领导模式的优势与不足。他认为，只有校长与学校成员有效地沟通和互动，学校成员对现实的本质达成一致意见，形成共同愿景，学校才可能良性发展。沙利文（Sullivan）回顾了社区学院的四代校长，缔造者、管理者、合作者和新时代的校长，应用博尔曼和迪尔(Bolman & Deal)的多元架构，比较四代校长的领导方式，研究表明在全球化和科技高度发展的 21 世纪，领导方式从 20 世纪 90 年代的参与式转向了可以及时回应劳动力需求和高等教育快速变化的领导方式。费希尔(Fisher)在回顾了大学校长的领导力与权力的研究之后，认为校长拥有强制权、奖励权、合法权、专家权和魅力权。而能够激发信任和他人信心的魅力型权力是实现领导的最有效的力量，特别是与合法权和专家权共同作用，效果更加明显。多伦多大学教育研究人员调查了安大略省 12 所大学的教师领导力在过去 5 年的发展过程，考察了领导力发展对个人、人际和组织效能的影响，辨识出领导力发展活动面临的阻碍。

我国学者刘晶玉和任嵘嵘通过文献研究的方法，系统梳理了 1994 年至 2009 年的 15 年内 21 份关于我国大学校长领导力研究的文献，从领导特质、领导行为和领导权变角度归纳和总结了校长领导力研究，发现校长领导力研究的演变过程与领导力研究脉络完全相同，是领导能力理论在教育管理领域的应用与发展。肖月强和袁永新从理念、文化和制度三个层面探讨高校教师领导力建设。他们认为："在理念层面要构建起学校领导力建设的价值体系，在文化层面要构建起大学的合作文化，在制度层面要构建起学校利益相关者权益平衡机制。"我国学者对我国高校学科带头人的能力进行了分析，认为学科带头人能力构成包括学术研究能力、人才培养能力、组织管理能力、社会活动能力和心理承受能力，指出我国高校学科带头人普遍存在着知识结构不合理、原创能力不强、组织协调能力较差、社会活动能力较弱、学术视野不开阔和信息获取能力不足等问题。

领导力是个相当复杂的概念，具有多重意义和目的。基于一般领导力理论的教师领导力的概念也是如此。教师领导力是指教师在学校组织中，通过自身的知识、能力、情感等非权力性因素以及专业权力相互作用，形成的一种对自我的激励、对学生和其他成员的综合性影响力，是存在于自身与同事之间、师生之间、学校之间的一种互动的积极的影响力。

# 一、互信关系

领导者和被领导者之间的互信是领导效能的基石。人们之间信任的建立是基于各种互动的行为，决定这些互动行为的是人们所努力呈现出的各种角色。

所以，当我们探讨人际信任建设时，理性地分析角色行为应该更为关键。目前，民办高校教师很少有机会民主参与学校的管理决策，使得教师大多缺乏主人翁责任感。而且学校制定的规章制度往往参照市场竞争的经济触发机制，很难体现人文关怀，没有有效地调动广大教师参与学校管理的积极性。因此，民办高校教师之间互信关系值得重点关注。

## (一)总体情况

互信关系是指行为者之间在心理上彼此信任、对相互间的行为具有稳定预期的一种正面状态关系。民办高校教师互信关系状况良好，均值为 4.05，在教师领导力各维度中均值较高。

## (二)差异比较分析

**1. 学校办学层次(以最高层次为准)**

如图 2-4-1 所示，在不同办学层次学校教师的比较中，专科院校教师(均值为 4.054)的互信关系得分比本科院校教师(均值为 4.049)高。数据表明，民办专科院校教师的互信关系稍好于民办本科院校教师。

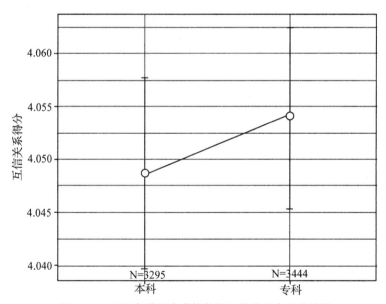

图 2-4-1 不同办学层次学校教师互信关系水平均值图

**2. 性别**

如图 2-4-2 所示，在不同性别教师的比较中，男教师(均值为 4.052)的互信关系得分比女教师（均值为 4.051）高。数据表明，民办高校男教师的互信关系稍好于女教师。

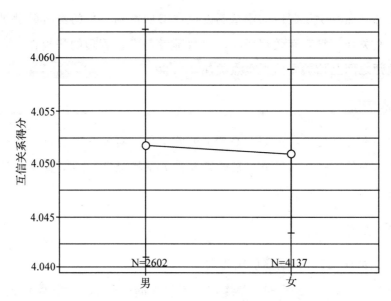

图 2-4-2　不同性别教师互信关系水平均值图

### 3. 身份

如图 2-4-3 所示，在不同身份教师的比较中，全职教师（均值为 4.060）的互

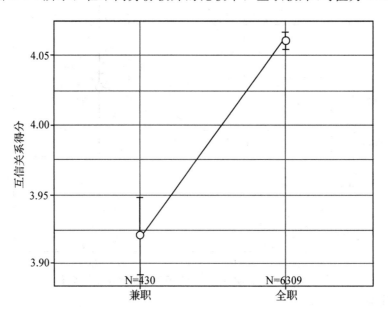

图 2-4-3　不同身份教师互信关系水平均值图

信关系得分比兼职教师(均值为 3.920)高。数据表明,民办高校全职教师的互信关系稍好于兼职教师。

**4. 年龄**

如图 2-4-4 所示,在不同年龄教师的比较中,25 岁及以下、26～30 岁、31～35 岁、36～40 岁、41～50 岁、51～60 岁、61 岁及以上教师的互信关系得分均值分别为 3.927、4.048、4.065、4.084、4.057、4.036、4.047,其中36～40 岁教师的互信关系得分最高,25 岁及以下教师的得分最低。数据表明,民办高校青年教师尚未建立稳固的互信关系,青年到中年教师的互信关系水平逐步提高,中年教师的互信关系水平良好,中年到老年教师的互信关系水平略有回落。

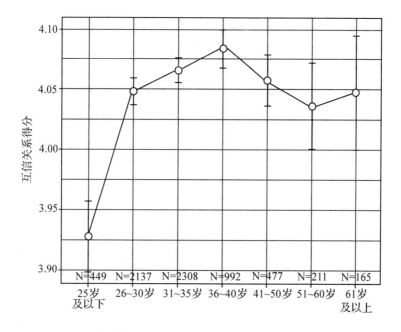

**图 2-4-4　不同年龄教师互信关系水平均值图**

**5. 教龄**

如图 2-4-5 所示,在不同教龄教师的比较中,1～5 年、6～10 年、11～20 年、21～30 年、31 年及以上教龄教师的互信关系得分均值分别为 4.026、4.060、4.095、4.019、4.106,其中 31 年及以上教龄教师的互信关系得分最高,21～30 年教龄教师的得分最低。数据表明,民办高校教师的互信关系水平由低教龄到高教龄逐步提升,但临近退休时互信关系出现危机,退休后的互信关系水平又再次回归良好。

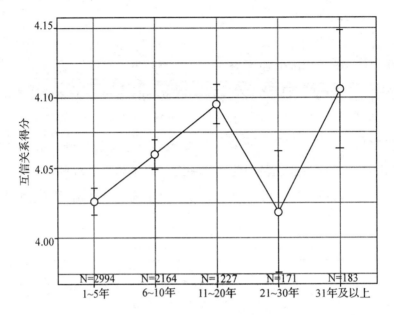

**图 2-4-5　不同教龄教师互信关系水平均值图**

### 6. 在本校工作年限

如图 2-4-6 所示，在不同在校工作年限教师的比较中，工作 1～5 年、6～

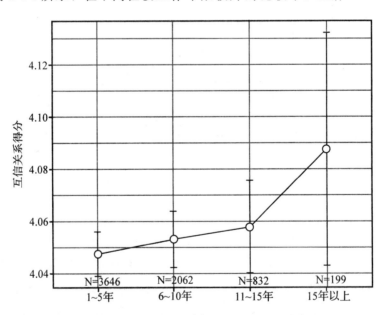

**图 2-4-6　不同在校工作年限教师互信关系水平均值图**

10 年、11～15 年、15 年以上教师的互信关系得分均值分别为 4.047、4.053、4.058、4.087，其中工作 15 年以上教师的互信关系得分最高，工作 1～5 年教师的得分最低。数据表明，在一所学校工作的年限越长，民办高校教师的互信关系水平越高。

**7. 受教育程度**

如图 2-4-7 所示，在不同受教育程度教师的比较中，专科及以下、学士本科、硕士研究生、博士研究生、其他学历教师的互信关系得分均值分别为 3.924、4.058、4.063、3.900、3.836，其中硕士研究生学历教师的互信关系得分最高，其他学历教师的得分最低。数据表明，从最低学历到硕士研究生学历的民办高校教师互信关系越来越好，但高于硕士研究生学历的教师互信关系回落明显。

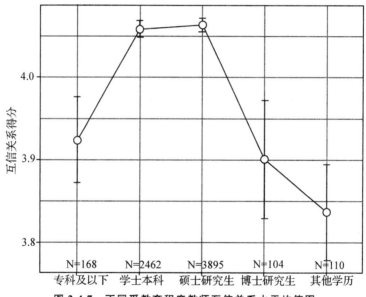

**图 2-4-7　不同受教育程度教师互信关系水平均值图**

**8. 职称**

如图 2-4-8 所示，在不同职称教师的比较中，无职称、初级、中级、副高级、正高级职称教师的互信关系得分均值分别为 4.025、4.055、4.048、4.087、4.070，其中副高级职称教师的互信关系得分最高，无职称教师的得分最低。数据表明，民办高校无职称教师的互信关系水平最低，随着职称的提升，教师互信关系水平逐步提高，特别是副高级职称教师的互信关系水平良好，正高级职称教师的互信关系水平略有回落。

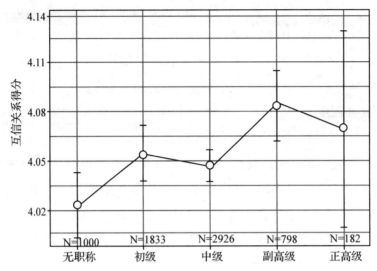

**图 2-4-8　不同职称教师互信关系水平均值图**

**9. 任教学科**

如图 2-4-9 所示，在不同任教学科教师的比较中，工学、理学、经济学、管理学、艺术学、法学、教育学、文学、农学、医学、哲学教师的互信关系得分均值分别为 4.041、4.045、4.077、4.058、4.044、4.046、4.043、4.075、4.070、4.062、4.016，其中经济学教师的互信关系得分最高，哲学教师的得

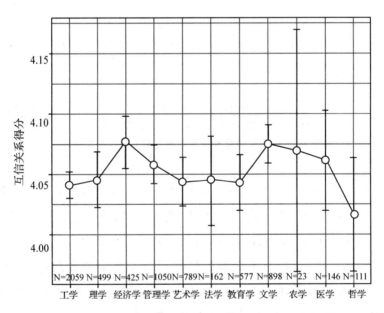

**图 2-4-9　不同任教学科教师互信关系水平均值图**

分最低。数据表明，在民办高校，不同任教学科教师的互信关系水平差异不大，经济学和文学教师的互信关系水平略高。

**10. 承担课程数（一学期）**

如图 2-4-10 所示，在承担不同课程数教师的比较中，承担 0 门、1 门、2 门、3 门、4 门、5 门及以上课程教师的互信关系得分均值分别为 4.015、4.042、4.061、4.057、4.058、4.062，其中承担 5 门及以上课程教师的互信关系得分最高，不承担课程教师的得分最低。数据表明，一学期中承担课程门数越多，民办高校教师的互信关系水平越高，但教师承担课程达到 2 门之后，互信关系水平略有回落并且增长放缓。

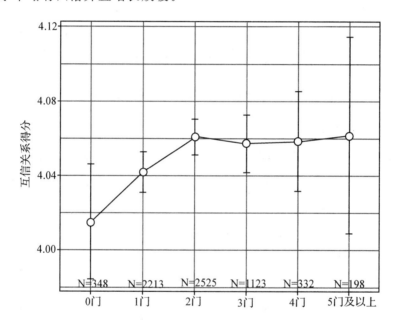

**图 2-4-10　承担不同课程数教师互信关系水平均值图**

**11. 周授课学时**

如图 2-4-11 所示，在不同周授课学时教师的比较中，授课 10 学时以下、10～15 学时、16～30 学时、30 学时以上教师的互信关系得分均值分别为 4.027、4.052、4.075、3.977，其中授课 16～30 学时教师的互信关系得分最高，授课 30 学时以上教师的得分最低。数据表明，一学期中每周承担授课学时越多，民办高校教师的互信关系水平越高，但教师授课学时达到 30 学时之后，互信关系水平回落到最低点。

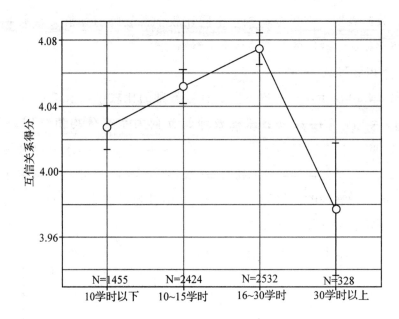

图 2-4-11    不同周授课学时教师互信关系水平均值图

### 12. 上班单程用时

如图 2-4-12 所示，在不同上班单程用时教师的比较中，用时半小时以内、半小时～1 小时、1～2 小时、2 小时以上教师的互信关系得分均值分别为 4.048、4.052、4.063、4.017，其中用时 1～2 小时教师的互信关系得分最高，

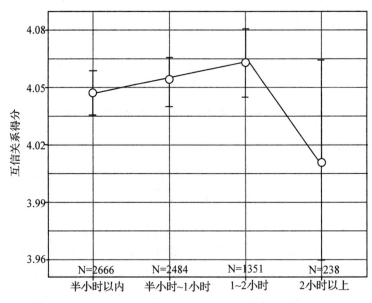

图 2-4-12    不同上班单程用时教师互信关系水平均值图

用时 2 小时以上教师的得分最低。数据表明，民办高校教师上班单程用时越长，教师的互信关系水平越高，但用时超过 2 小时之后，互信关系水平回落到最低点。

**13. 年收支水平**

如图 2-4-13 所示，在不同年收支水平教师的比较中，很不足、不足、持平、略有富余、很富余教师的互信关系得分均值分别为 4.010、4.040、4.058、4.123、4.103，其中年收支略有富余教师的互信关系得分最高，年收支很不足教师的得分最低。数据表明，民办高校教师年收支水平越高，教师的互信关系水平越高，但教师年收支水平达到略有富裕之后，互信关系水平略有回落。

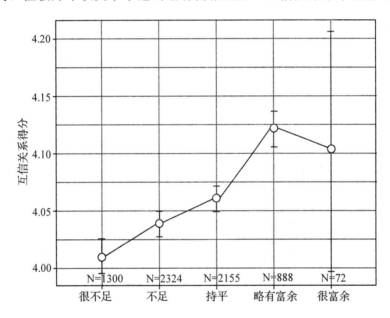

图 2-4-13　不同年收支水平教师互信关系水平均值图

**14. 职务**

如图 2-4-14 所示，在不同职务教师的比较中，担任专职教师、专职科研人员、专职辅导员、院系领导、校部中层、校领导职务教师的互信关系得分均值分别为 4.057、3.883、4.009、4.127、4.048、3.842，其中担任院系领导职务教师的互信关系得分最高，担任校领导职务教师的得分最低。数据表明，民办高校担任院系领导、专职教师、校部中层职务教师的互信关系好于担任专职辅导员、专职科研人员、职务教师的互信关系。

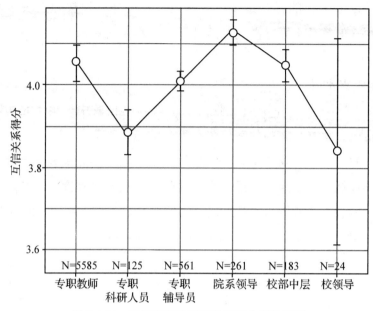

图 2-4-14　不同职务教师互信关系水平均值图

## (三)结论

第一，民办专科院校教师的互信关系稍好于民办本科院校教师。

第二，民办高校男教师的互信关系稍好于女教师。

第三，民办高校全职教师的互信关系稍好于兼职教师。

第四，民办高校青年教师尚未建立稳固的互信关系，青年到中年教师的互信关系水平逐步提高，中年教师的互信关系水平良好，中年到老年教师的互信关系水平略有回落。

第五，民办高校教师的互信关系水平由低教龄到高教龄逐步提升，但临近退休时互信关系出现危机，退休后的互信关系水平又再次回归良好。

第六，在一所学校工作的年限越长，民办高校教师的互信关系水平越高。

第七，从最低学历到硕士研究生学历的民办高校教师互信关系越来越好，但高于硕士研究生学历的教师互信关系回落明显。

第八，民办高校无职称教师的互信关系水平最低，随着职称的提升，教师互信关系水平逐步提高，特别是副高级职称教师的互信关系水平良好，正高级职称教师的互信关系水平略有回落。

第九，在民办高校，不同任教学科教师的互信关系水平差异不大，经济学和文学教师的互信关系水平略高。

第十，一学期中承担课程门数越多，民办高校教师的互信关系水平越高，但教师承担课程达到 2 门之后，互信关系水平略有回落并且增长放缓。

第十一，一学期中每周承担授课学时越多，民办高校教师的互信关系水平越高，但教师授课学时达到 30 学时之后，互信关系水平回落到最低点。

第十二，民办高校教师上班单程用时越长，教师的互信关系水平越高，但用时超过 2 小时之后，互信关系水平回落到最低点。

第十三，民办高校教师年收支水平越高，教师的互信关系水平越高，但教师年收支水平达到略有富裕之后，互信关系水平略有回落。

第十四，民办高校担任院系领导、专职教师、校部中层职务教师的互信关系好于担任专职辅导员、专职科研人员、校领导职务教师的互信关系。

# 二、集体工作

教师集体工作中的目的性和组织性，可以引起他们对学校工作成果的共同责任感。教育家马卡连柯不止一次地强调，只有具有统一的目的和道德态度的有组织的教师集体，才能够教育学生和影响他们的个性的形成。民办高校教师集体工作状况直接影响学生的学习质量和效果。

## (一)总体情况

集体工作是指具有共同目的的工作。为了达到这一目的，往往可以，甚至要进行一定的、通常还是非常复杂的分工。民办高校教师集体工作状况一般，均值为 4.03，在教师领导力各维度中均值较低。

## (二)差异比较分析

### 1. 学校办学层次(以最高层次为准)

如图 2-4-15 所示，在不同办学层次学校教师的比较中，专科院校教师(均值为 4.035)的集体工作得分比本科院校教师(均值为 4.027)高。数据表明，民办专科院校教师的集体工作状况稍好于民办本科院校教师。

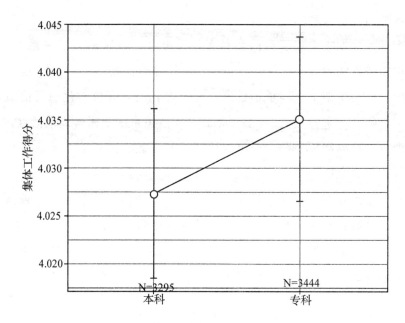

**图 2-4-15　不同办学层次学校教师集体工作水平均值图**

### 2. 性别

如图 2-4-16 所示，在不同性别教师的比较中，男教师（均值为 4.049）的集体工作得分比女教师（均值为 4.020）高。数据表明，民办高校男教师的集体工作状况稍好于女教师。

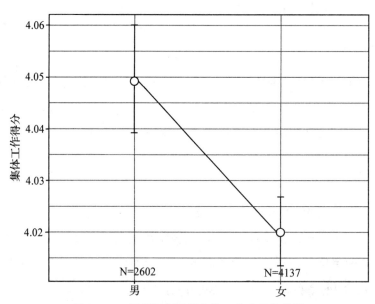

**图 2-4-16　不同性别教师集体工作水平均值图**

**3. 身份**

如图 2-4-17 所示，在不同身份教师的比较中，全职教师（均值为 4.039）的集体工作得分比兼职教师（均值为 3.923）高。数据表明，民办高校全职教师的集体工作状况稍好于兼职教师。

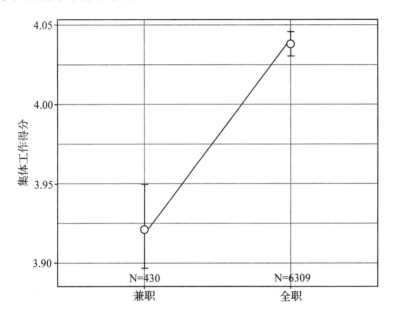

**图 2-4-17 不同身份教师集体工作水平均值图**

**4. 年龄**

如图 2-4-18 所示，在不同年龄教师的比较中，25 岁及以下、26～30 岁、31～35 岁、36～40 岁、41～50 岁、51～60 岁、61 岁及以上教师的集体工作得分均值分别为 3.908、4.021、4.038、4.067、4.073、4.064、4.029，其中 41～50 岁教师的集体工作得分最高，25 岁及以下教师的得分最低。数据表明，民办高校青年教师尚未具备较高的集体工作水平，青年到中年教师的集体工作水平逐步提高，中年教师的集体工作水平良好，中年到老年教师的集体工作水平略有回落。

**5. 教龄**

如图 2-4-19 所示，在不同教龄教师的比较中，1～5 年、6～10 年、11～20 年、21～30 年、31 年及以上教龄教师的集体工作得分均值分别为 3.998、4.039、4.083、4.056、4.107，其中 31 年及以上教龄教师的集体工作得分最高，1～5 年教龄教师的得分最低。数据表明，民办高校教师的集体工作水平由低教龄到高教龄逐步提升，但临近退休时集体工作出现问题，退休后的集体工作水平又再次回归良好。

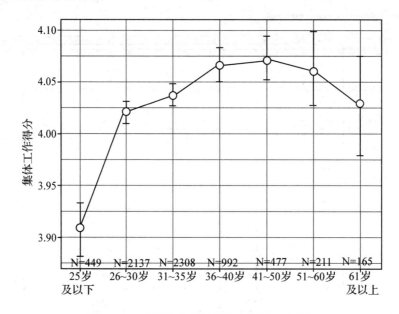

**图 2-4-18 不同年龄教师集体工作水平均值图**

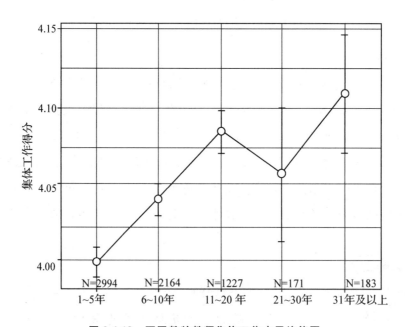

**图 2-4-19 不同教龄教师集体工作水平均值图**

**6. 在本校工作年限**

如图 2-4-20 所示，在不同在校工作年限教师的比较中，工作 1～5 年、6～10 年、11～15 年、15 年以上教师的集体工作得分均值分别为 4.022、4.035、4.046、4.099，其中工作 15 年以上教师的集体工作得分最高，工作 1～5 年教师的得分最低。数据表明，在一所学校工作的年限越长，民办高校教师的集体工作水平越高。

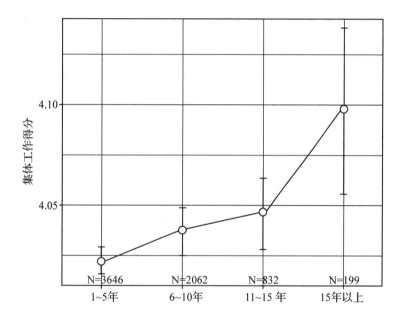

**图 2-4-20 不同在校工作年限教师集体工作水平均值图**

**7. 受教育程度**

如图 2-4-21 所示，在不同受教育程度教师的比较中，专科及以下、学士本科、硕士研究生、博士研究生、其他学历教师的集体工作得分均值分别为 3.920、4.043、4.035、3.973、3.851，其中学士本科学历教师的集体工作得分最高，其他学历教师的得分最低。数据表明，从最低学历到学士本科学历的民办高校教师集体工作水平越来越高，但高于硕士研究生学历的教师集体工作水平回落明显。

**8. 职称**

如图 2-4-22 所示，在不同职称教师的比较中，无职称、初级、中级、副高级、正高级职称教师的集体工作得分均值分别为 3.986、4.041、4.023、4.080、

4.112，其中正高级职称教师的集体工作得分最高，无职称教师的得分最低。数据表明，民办高校无职称教师的集体工作水平最低，随着职称的提升，教师集体工作水平逐步提高，特别是正高级职称教师的集体工作水平良好。

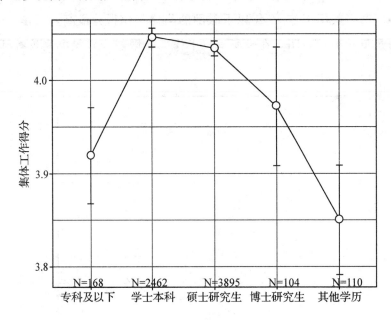

**图 2-4-21　不同受教育程度教师集体工作水平均值图**

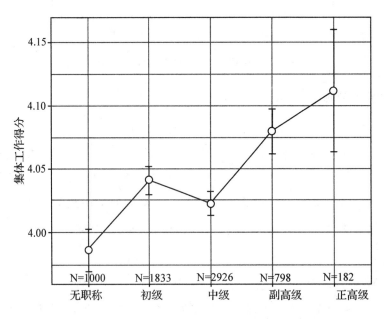

**图 2-4-22　不同职称教师集体工作水平均值图**

### 9. 任教学科

如图 2-4-23 所示，在不同任教学科教师的比较中，工学、理学、经济学、管理学、艺术学、法学、教育学、文学、农学、医学、哲学教师的集体工作得分均值分别为 4.028、4.024、4.057、4.029、4.035、4.020、4.046、4.019、4.026、4.045、4.038，其中经济学教师的集体工作得分最高，文学教师的得分最低。数据表明，在民办高校，不同任教学科教师的集体工作水平差异不大，经济学和教育学教师的集体工作水平略高。

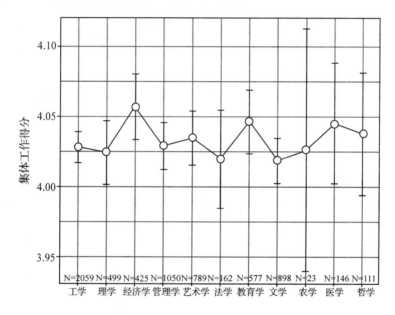

**图 2-4-23 不同任教学科教师集体工作水平均值图**

### 10. 承担课程数（一学期）

如图 2-4-24 所示，在承担不同课程数教师的比较中，承担 0 门、1 门、2 门、3 门、4 门、5 门及以上课程教师的集体工作得分均值分别为 4.010、4.029、4.038、4.023、4.028、4.063，其中承担 5 门及以上课程教师的集体工作得分最高，不承担课程教师的得分最低。数据表明，一学期中承担课程门数越多，民办高校教师的集体工作水平越高，但教师承担课程达到 2 门之后，集体工作水平略有回落并且增长放缓。

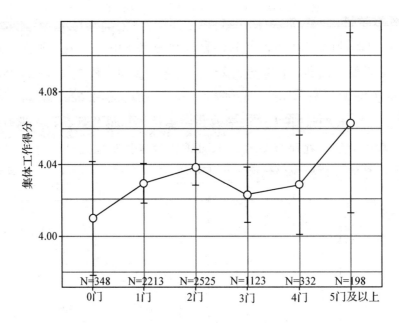

**图 2-4-24　承担不同课程数教师集体工作水平均值图**

### 11. 周授课学时

如图 2-4-25 所示，在不同周授课学时教师的比较中，授课 10 学时以下、10～15 学时、16～30 学时、30 学时以上教师的集体工作得分均值分别为 4.014、

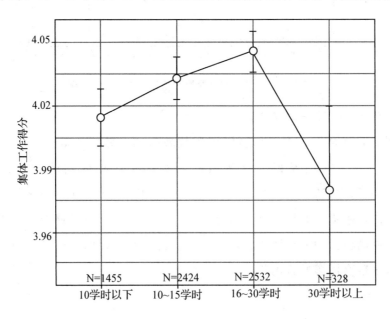

**图 2-4-25　不同周授课学时教师集体工作水平均值图**

4.033、4.046、3.980，其中授课 16～30 学时教师的集体工作得分最高，授课 30 学时以上教师的得分最低。数据表明，一学期中每周承担授课学时越多，民办高校教师的集体工作水平越高，但教师授课学时达到 30 学时之后，集体工作水平回落到最低点。

**12. 上班单程用时**

如图 2-4-26 所示，在不同上班单程用时教师的比较中，用时半小时以内、半小时～1 小时、1～2 小时、2 小时以上教师的集体工作得分均值分别为 4.029、4.025、4.058、3.967，其中用时 1～2 小时教师的集体工作得分最高，用时 2 小时以上教师的得分最低。数据表明，民办高校教师上班单程用时为 1～2 小时的集体工作水平最高，但用时超过 2 小时之后，集体工作水平回落到最低点。

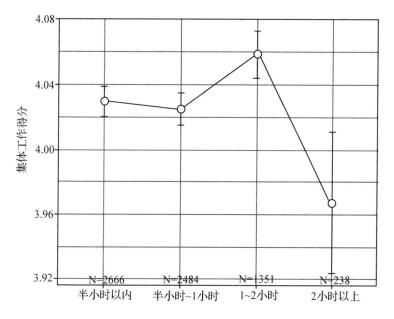

**图 2-4-26　不同上班单程用时教师集体工作水平均值图**

**13. 年收支水平**

如图 2-4-27 所示，在不同年收支水平教师的比较中，很不足、不足、持平、略有富余、很富余教师的集体工作得分均值分别为 3.982、4.017、4.043、4.100、4.208，其中年收支很富余教师的集体工作得分最高，年收支很不足教师的得分最低。数据表明，民办高校教师年收支水平越高，教师的集体工作水平越高，教师年收支水平达到很富裕之后，集体工作水平最高。

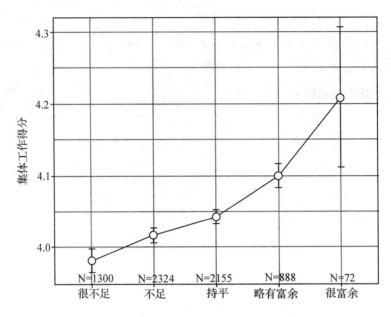

图 2-4-27　不同年收支水平教师集体工作水平均值图

## 14. 职务

如图 2-4-28 所示，在不同职务教师的比较中，担任专职教师、专职科研人

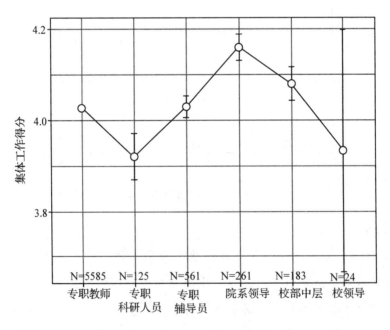

图 2-4-28　不同职务教师集体工作水平均值图

员、专职辅导员、院系领导、校部中层、校领导职务教师的集体工作得分均值分别为 4.027、3.920、4.030、4.160、4.080、3.933，其中担任院系领导职务教师的集体工作得分最高，担任专职科研人员职务教师的得分最低。数据表明，民办高校担任院系领导、校部中层职务教师的集体工作水平高于担任专职辅导、专职教师、校领导、专职科研人员职务教师的集体工作水平。

## (三)结论

第一，民办专科院校教师的集体工作状况稍好于民办本科院校教师。

第二，民办高校男教师的集体工作状况稍好于女教师。

第三，民办高校全职教师的集体工作状况稍好于兼职教师。

第四，民办高校青年教师尚未具备较高的集体工作水平，青年到中年教师的集体工作水平逐步提高，中年教师的集体工作水平良好，中年到老年教师的集体工作水平略有回落。

第五，民办高校教师的集体工作水平由低教龄到高教龄逐步提升，但临近退休时集体工作出现问题，退休后的集体工作水平又再次回归良好。

第六，在一所学校工作的年限越长，民办高校教师的集体工作水平越高。

第七，从最低学历到学士本科学历的民办高校教师集体工作水平越来越高，但高于硕士研究生学历的教师集体工作水平回落明显。

第八，民办高校无职称教师的集体工作水平最低，随着职称的提升，教师集体工作水平逐步提高，特别是正高级职称教师的集体工作水平良好。

第九，在民办高校，不同任教学科教师的集体工作水平差异不大，经济学和教育学教师的集体工作水平略高。

第十，一学期中承担课程门数越多，民办高校教师的集体工作水平越高，但教师承担课程达到2门之后，集体工作水平略有回落并且增长放缓。

第十一，一学期中每周承担授课学时越多，民办高校教师的集体工作水平越高，但教师授课学时达到30学时之后，集体工作水平回落到最低点。

第十二，民办高校教师上班单程用时为1~2时的集体工作水平最高，但用时超过2小时之后，集体工作水平回落到最低点。

第十三，民办高校教师年收支水平越高，教师的集体工作水平越高，教师年收支水平达到很富裕之后，集体工作水平最高。

第十四，民办高校担任院系领导、校部中层职务教师的集体工作水平高于担任专职辅导员、专职教师、校领导、专职科研人员职务教师的集体工作水平。

# 三、交流方式

教师的交流方式和风格也能传达出教师的支持倾向或控制倾向，影响同事之间的工作关系以及学生的学习效果。民办高校要建立生生、师生、师师之间多维互动的合作交流方式，并充分发挥生生、师生、师师之间的互补作用；在合作交流中教师要尊重同事、学生的意见，并充分发挥生生、师生、师师之间的互补作用，使自身的领导力得到升华。

## (一)总体情况

交流方式是指接受者与传递者之间的沟通方式及其效率。教师交流方式是指教师是否愿意主动与人交流，在交流中能否主导他人，是否喜欢以讨论的方式交换意见。民办高校教师交流方式状况良好，均值为 4.11，在教师领导力各维度中均值最高。

## (二)差异比较分析

**1. 学校办学层次(以最高层次为准)**

如图 2-4-29 所示，在不同办学层次学校教师的比较中，本科院校教师(均值为 4.112)的交流方式得分比专科院校教师(均值为 4.103)高。数据表明，民办本科院校教师的交流方式稍好于民办专科院校教师。

**2. 性别**

如图 2-4-30 所示，在不同性别教师的比较中，女教师(均值为 4.110)的交流方式得分比男教师(均值为 4.103)高。数据表明，民办高校女教师的交流方式稍好于男教师。

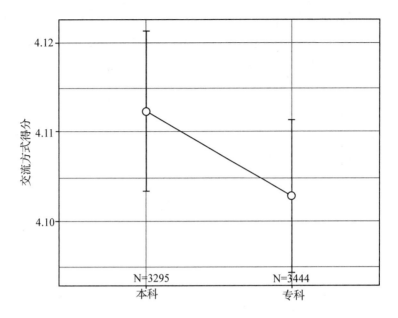

**图 2-4-29　不同办学层次学校教师交流方式水平均值图**

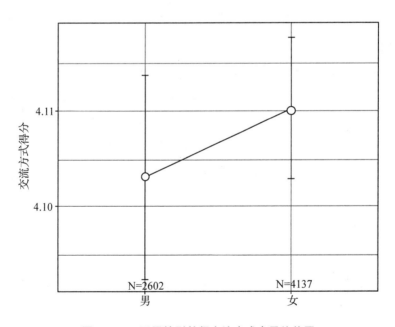

**图 2-4-30　不同性别教师交流方式水平均值图**

## 3. 身份

如图 2-4-31 所示，在不同身份教师的比较中，全职教师（均值为 4.116）的交流方式得分比兼职教师（均值为 3.976）高。数据表明，民办高校全职教师的交流方式稍好于兼职教师。

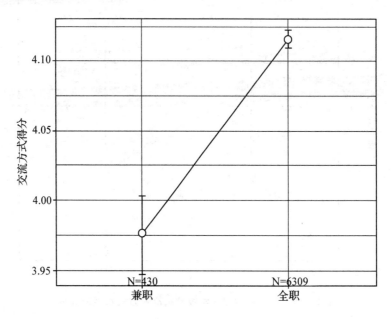

图 2-4-31　不同身份教师交流方式水平均值图

### 4. 年龄

如图 2-4-32 所示，在不同年龄教师的比较中，25 岁及以下、26～30 岁、

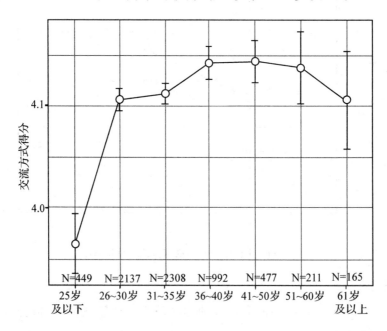

图 2-4-32　不同年龄教师交流方式水平均值图

31～35 岁、36～40 岁、41～50 岁、51～60 岁、61 岁及以上教师的交流方式得分均值分别为 3.964、4.106、4.112、4.142、4.143、4.137、4.105，其中 41～50 岁教师的交流方式得分最高，25 岁及以下教师的得分最低。数据表明，民办高校青年教师交流方式水平较低，青年到中年教师的交流方式逐步改善，中年教师的交流方式良好，中年到老年教师的交流方式水平略有回落。

**5. 教龄**

如图 2-4-33 所示，在不同教龄教师的比较中，1～5 年、6～10 年、11～20 年、21～30 年、31 年及以上教龄教师的交流方式得分均值分别为 4.083、4.101、4.159、4.149、4.197，其中 31 年及以上教龄教师的交流方式得分最高，1～5 年教龄教师的得分最低。数据表明，民办高校教师的交流方式水平由低教龄到高教龄逐步改善，但临近退休时交流方式水平出现回落，退休后交流方式水平又再次回归良好。

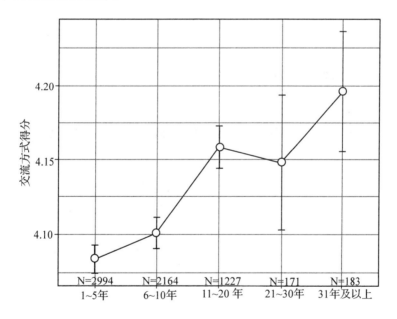

**图 2-4-33　不同教龄教师交流方式水平均值图**

**6. 在本校工作年限**

如图 2-4-34 所示，在不同在校工作年限教师的比较中，工作 1～5 年、6～10 年、11～15 年、15 年以上教师的交流方式得分均值分别为 4.105、4.094、4.144、4.151，其中工作 15 年以上教师的交流方式得分最高，工作 6～10 年教师的得分最低。数据表明，在一所学校工作的年限越长，民办高校教师的交流方式水平越高，但工作 6～10 年、工作 15 年以上时会出现阶段性回落。

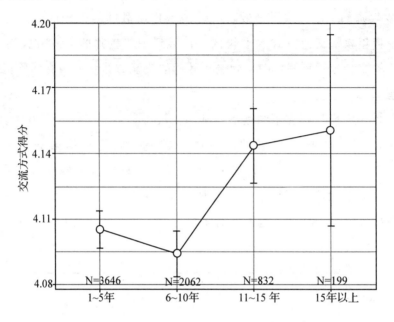

图 2-4-34　不同在校工作年限教师交流方式水平均值图

### 7. 受教育程度

如图 2-4-35 所示，在不同受教育程度教师的比较中，专科及以下、学士本

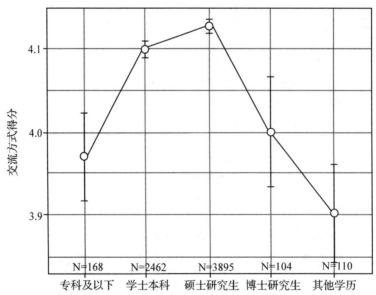

图 2-4-35　不同受教育程度教师交流方式水平均值图

科、硕士研究生、博士研究生、其他学历教师的交流方式得分均值分别为
3.970、4.100、4.127、4.000、3.902，其中硕士研究生学历教师的交流方式得
分最高，其他学历教师的得分最低。数据表明，从最低学历到硕士研究生学历
的民办高校教师交流方式越来越好，但高于硕士研究生学历的教师交流方式水
平回落明显。

**8. 职称**

如图 2-4-36 所示，在不同职称教师的比较中，无职称、初级、中级、副高
级、正高级职称教师的交流方式得分均值分别为 4.075、4.101、4.103、
4.167、4.156，其中副高级职称教师的交流方式得分最高，无职称教师的得分
最低。数据表明，民办高校无职称教师的交流方式水平最低，随着职称的提
升，教师交流方式水平逐步提高，特别是副高级职称教师的交流方式水平良
好，正高级职称教师的交流方式水平略有回落。

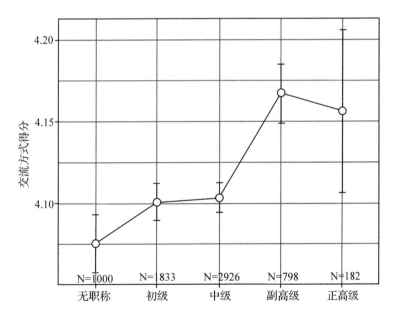

图 2-4-36 不同职称教师交流方式水平均值图

**9. 任教学科**

如图 2-4-37 所示，在不同任教学科教师的比较中，工学、理学、经济学、
管理学、艺术学、法学、教育学、文学、农学、医学、哲学教师的交流方式得
分均值分别为 4.096、4.085、4.088、4.114、4.108、4.167、4.112、4.130、

4.043、4.141、4.108，其中法学教师的交流方式得分最高，农学教师的得分最低。数据表明，在民办高校，不同任教学科教师的交流方式水平差异不大，法学和医学教师的交流方式水平略高。

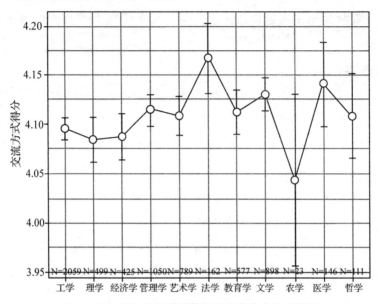

**图 2-4-37　不同任教学科教师交流方式水平均值图**

### 10. 承担课程数（一学期）

如图 2-4-38 所示，在承担不同课程数教师的比较中，承担 0 门、1 门、2

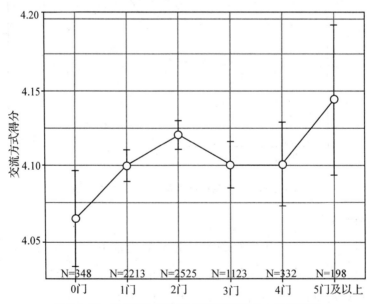

**图 2-4-38　承担不同课程数教师交流方式水平均值图**

门、3门、4门、5门及以上课程教师的交流方式得分均值分别为 4.065、4.100、4.121、4.101、4.101、4.144，其中承担5门及以上课程教师的交流方式得分最高，不承担课程教师的得分最低。数据表明，一学期中承担课程门数越多，民办高校教师的交流方式水平越高，但教师承担课程达到2门之后，交流方式水平略有回落并且增长放缓。

**11. 周授课学时**

如图 2-4-39 所示，在不同周授课学时教师的比较中，授课10学时以下、10～15学时、16～30学时、30学时以上教师的交流方式得分均值分别为4.078、4.119、4.124、4.029，其中授课16～30学时教师的交流方式得分最高，授课30学时以上教师的得分最低。数据表明，一学期中每周承担授课学时越多，民办高校教师的交流方式水平越高，但教师授课学时达到30学时之后，交流方式水平回落到最低点。

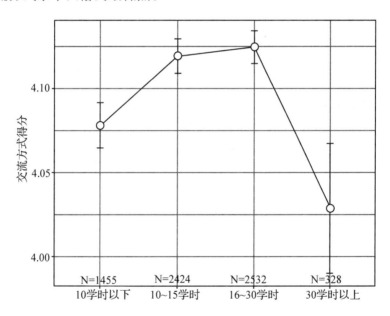

**图 2-4-39 不同周授课学时教师交流方式水平均值图**

**12. 上班单程用时**

如图 2-4-40 所示，在不同上班单程用时教师的比较中，用时半小时以内、半小时～1小时、1～2小时、2小时以上教师的交流方式得分均值分别为 4.110、4.098、4.130、4.054，其中用时1～2小时教师的交流方式得分最高，用时2小时以上教师的得分最低。数据表明，民办高校教师上班单程用时为1～2小时的交流方式水平最高，但用时超过2小时之后，交流方式水平回落到最低点。

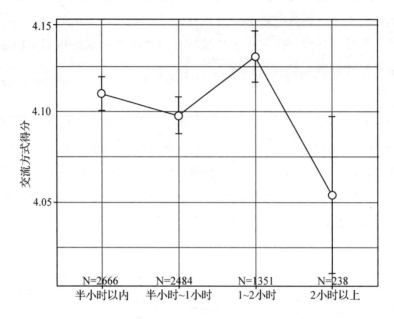

图 2-4-40　不同上班单程用时教师交流方式水平均值图

### 13. 年收支水平

如图 2-4-41 所示，在不同年收支水平教师的比较中，很不足、不足、持

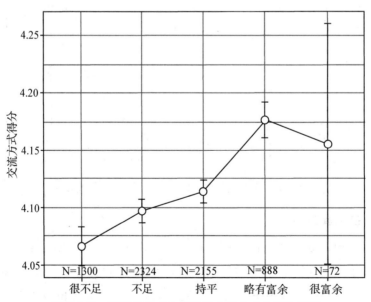

图 2-4-41　不同年收支水平教师交流方式水平均值图

平、略有富余、很富余教师的交流方式得分均值分别为 4.066、4.097、4.114、4.176、4.156，其中年收支略有富余教师的交流方式得分最高，年收支很不足教师的得分最低。数据表明，民办高校教师年收支水平越高，教师的交流方式水平越高，但教师年收支水平达到略有富裕之后，交流方式水平略有回落。

**14. 职务**

如图 2-4-42 所示，在不同职务教师的比较中，担任专职教师、专职科研人员、专职辅导员、院系领导、校部中层、校领导职务教师的交流方式得分均值分别为 4.109、3.950、4.076、4.216、4.140、3.958，其中担任院系领导职务教师的交流方式得分最高，担任专职科研人员职务教师的得分最低。数据表明，民办高校担任院系领导、校部中层、专职教师职务教师的交流方式好于担任专职辅导员、校领导、专职科研人员职务教师的交流方式。

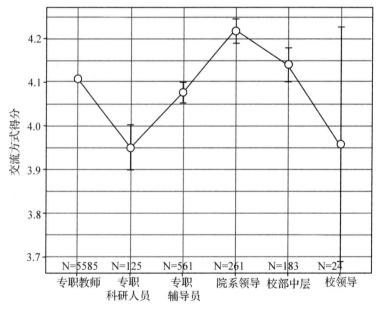

**图 2-4-42　不同职务教师交流方式水平均值图**

## （三）结论

第一，民办本科院校教师的交流方式稍好于民办专科院校教师。

第二，民办高校女教师的交流方式稍好于男教师。

第三，民办高校全职教师的交流方式稍好于兼职教师。

第四，民办高校青年教师交流方式水平较低，青年到中年教师的交流方式逐步改善，中年教师的交流方式良好，中年到老年教师的交流方式水平略有回落。

第五，民办高校教师的交流方式水平由低教龄到高教龄逐步改善，但临近退休时交流方式水平出现回落，退休后交流方式水平又再次回归良好。

第六，在一所学校工作的年限越长，民办高校教师的交流方式水平越高，但工作 6～10 年时会出现阶段性回落。

第七，从最低学历到硕士研究生学历的民办高校教师交流方式越来越好，但高于硕士研究生学历的教师交流方式水平回落明显。

第八，民办高校无职称教师的交流方式水平最低，随着职称的提升，教师交流方式水平逐步提高，特别是副高级职称教师的交流方式水平良好，正高级职称教师的交流方式水平略有回落。

第九，在民办高校，不同任教学科教师的交流方式水平差异不大，法学和医学教师的交流方式水平略高。

第十，一学期中承担课程门数越多，民办高校教师的交流方式水平越高，但教师承担课程达到 2 门之后，交流方式水平略有回落并且增长放缓。

第十一，一学期中每周承担授课学时越多，民办高校教师的交流方式水平越高，但教师授课学时达到 30 学时之后，交流方式水平回落到最低点。

第十二，民办高校教师上班单程用时为 1～2 小时的交流方式水平最高，但用时超过 2 小时之后，交流方式水平回落到最低点。

第十三，民办高校教师年收支水平越高，教师的交流方式水平越高，但教师年收支水平达到略有富裕之后，交流方式水平略有回落。

第十四，民办高校担任院系领导、校部中层、专职教师职务教师的交流方式好于担任专职辅导员、校领导、专职科研人员职务教师的交流方式。

# 四、系统思考

调整教师的系统思考有利于团队的发展，这是因为教师不再用封闭的思维方式来对待人和事，而是以相对开放的思维方式、合作的态度与同事交流思想。在教育教学过程中，调整系统思考能使教师更容易树立以人的发展为本的思想，创建民主和谐、积极进取的团队氛围。

## （一）总体情况

系统思考是指从全局性、层次性、动态性、互动性等方面综合考虑问题的一种方法；系统思考将引导人们产生一种新的思路，使人们从复杂的细节中抓住主要矛盾，找到解决问题的方法。民办高校教师系统思考状况一般，均值为4.01，在教师领导力各维度中均值最低。

## （二）差异比较分析

### 1. 学校办学层次（以最高层次为准）

如图2-4-43所示，在不同办学层次学校教师的比较中，专科院校教师（均值为4.020）的系统思考得分比本科院校教师（均值为4.006）高。数据表明，民办专科院校教师的系统思考能力稍好于民办本科院校教师。

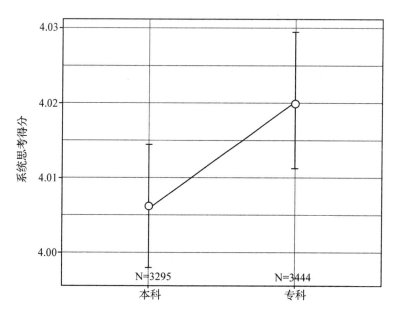

**图2-4-43 不同办学层次学校教师系统思考水平均值图**

### 2. 性别

如图2-4-44所示，在不同性别教师的比较中，男教师（均值为4.034）的系统思考得分比女教师（均值为4.000）高。数据表明，民办高校男教师的系统思考能力稍好于女教师。

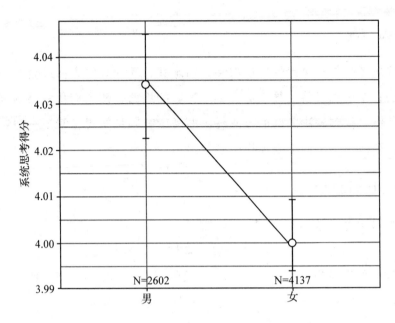

**图 2-4-44　不同性别教师系统思考水平均值图**

### 3. 身份

如图 2-4-45 所示，在不同身份教师的比较中，全职教师（均值为 4.021）的系统思考得分比兼职教师（均值为 3.898）高。数据表明，民办高校全职教师的系统思考能力稍好于兼职教师。

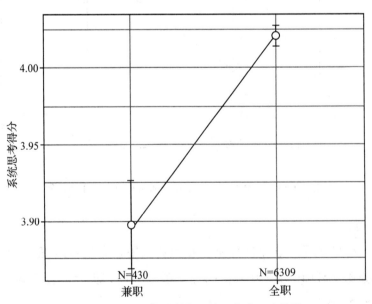

**图 2-4-45　不同身份教师系统思考水平均值图**

### 4. 年龄

如图 2-4-46 所示，在不同年龄教师的比较中，25 岁及以下、26～30 岁、31～35 岁、36～40 岁、41～50 岁、51～60 岁、61 岁及以上教师的系统思考能力得分均值分别为 3.908、4.012、4.017、4.042、4.046、4.027、3.987，其中 41～50 岁教师的系统思考得分最高，25 岁及以下教师的得分最低。数据表明，民办高校青年教师系统思考能力较弱，青年到中年教师的系统思考能力逐步改善，中年教师的系统思考能力良好，中年到老年教师的系统思考能力略有回落。

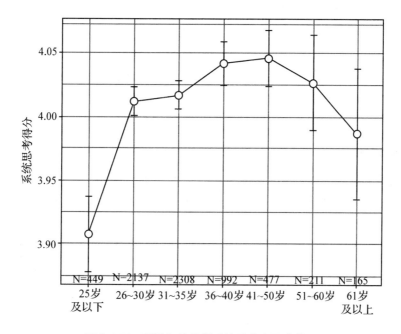

**图 2-4-46 不同年龄教师系统思考水平均值图**

### 5. 教龄

如图 2-4-47 所示，在不同教龄教师的比较中，1～5 年、6～10 年、11～20 年、21～30 年、31 年及以上教龄教师的系统思考能力得分均值分别为 3.994、4.011、4.057、4.028、4.058，其中 31 年及以上教龄教师的系统思考得分最高，1～5 年教龄教师的得分最低。数据表明，民办高校教师的系统思考能力由低教龄到高教龄逐步提升，但临近退休时系统思考能力出现回落，退休后系统思考能力又再次回升。

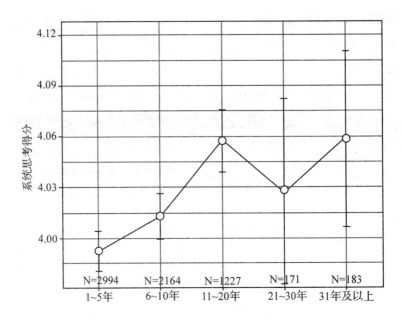

**图 2-4-47　不同教龄教师系统思考水平均值图**

### 6. 在本校工作年限

如图 2-4-48 所示，在不同在校工作年限教师的比较中，工作 1～5 年、6～10 年、11～15 年、15 年以上教师的系统思考能力得分均值分别为 4.011、4.006、

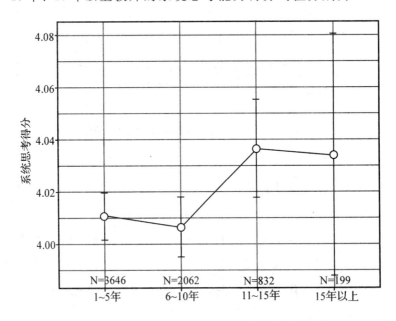

**图 2-4-48　不同在校工作年限教师系统思考水平均值图**

4.037、4.034，其中工作 11～15 年教师的系统思考得分最高，工作 6～10 年教师的得分最低。数据表明，在一所学校工作的年限越长，民办高校教师的系统思考能力越强，但工作 6～10 年、工作 15 年以上时会出现阶段性回落。

**7. 受教育程度**

如图 2-4-49 所示，在不同受教育程度教师的比较中，专科及以下、学士本科、硕士研究生、博士研究生、其他学历教师的系统思考能力得分均值分别为 3.919、4.023、4.020、3.935、3.784，其中学士本科学历教师的系统思考得分最高，其他学历教师的得分最低。数据表明，从最低学历到学士本科学历的民办高校教师系统思考能力越来越强，但高于硕士研究生学历的教师系统思考能力回落明显。

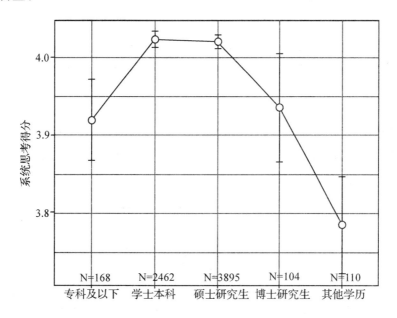

图 2-4-49　不同受教育程度教师系统思考水平均值图

**8. 职称**

如图 2-4-50 所示，在不同职称教师的比较中，无职称、初级、中级、副高级、正高级职称教师的系统思考能力得分均值分别为 3.974、4.023、4.003、4.059、4.100，其中正高级职称教师的系统思考得分最高，无职称教师的得分最低。数据表明，民办高校无职称教师的系统思考能力最低，随着职称的提升，教师系统思考能力逐步提高，特别是正高级职称教师的系统思考能力最强，但中级职称教师的系统思考能力存在阶段性回落。

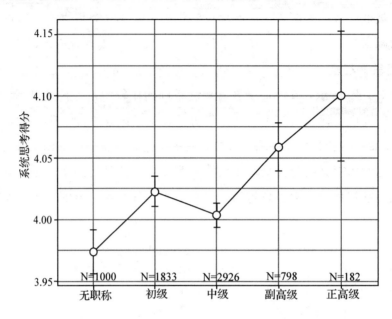

图 2-4-50　不同职称教师系统思考水平均值图

### 9. 任教学科

如图 2-4-51 所示，在不同任教学科教师的比较中，工学、理学、经济学、管理学、艺术学、法学、教育学、文学、农学、医学、哲学教师的系统思考能

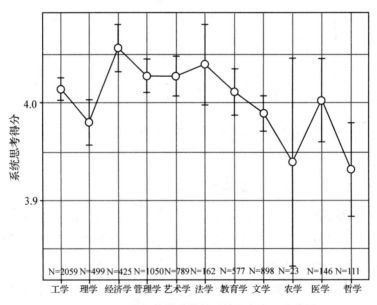

图 2-4-51　不同任教学科教师系统思考水平均值图

力得分均值分别为 4.014、3.980、4.056、4.028、4.028、4.040、4.011、3.989、3.939、4.003、3.932，其中经济学教师的系统思考得分最高，哲学教师的得分最低。数据表明，在民办高校，不同学科教师的系统思考能力差异不大，经济学和法学教师的系统思考能力略强。

**10. 承担课程数（一学期）**

如图 2-4-52 所示，在承担不同课程数教师的比较中，承担 0 门、1 门、2 门、3 门、4 门、5 门及以上课程教师的系统思考能力得分均值分别为 3.992、4.005、4.019、4.017、4.033、4.023，其中承担 4 门课程教师的系统思考得分最高，不承担课程教师的得分最低。数据表明，一学期中承担课程门数越多，民办高校教师的系统思考能力越强，但教师承担课程达到 2 门之后，系统思考能力略有回落并且增长放缓。

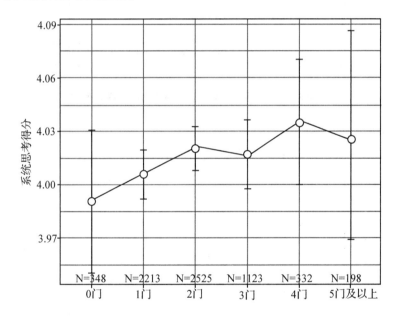

**图 2-4-52　承担不同课程数教师系统思考水平均值图**

**11. 周授课学时**

如图 2-4-53 所示，在不同周授课学时教师的比较中，授课 10 学时以下、10～15 学时、16～30 学时、30 学时以上教师的系统思考能力得分均值分别为 3.994、4.010、4.029、4.002，其中授课 16～30 学时教师的系统思考得分最高，授课 10 学时以下教师的得分最低。数据表明，一学期中每周承担授课学时越多，民办高校教师的系统思考能力越强，但教师授课学时达到 30 学时之后，系统思考能力明显回落。

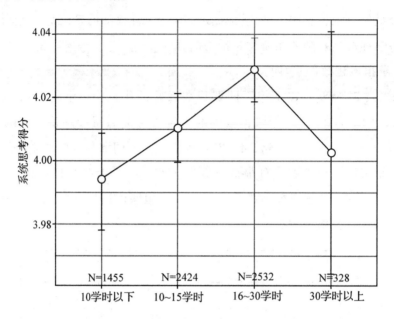

图 2-4-53　不同周授课学时教师系统思考水平均值图

### 12. 上班单程用时

如图 2-4-54 所示，在不同上班单程用时教师的比较中，用时半小时以内、

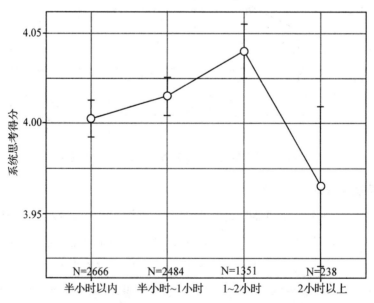

图 2-4-54　不同上班单程用时教师系统思考水平均值图

半小时～1小时、1～2小时、2小时以上教师的系统思考能力得分均值分别为4.003、4.015、4.040、3.965，其中用时1～2小时教师的系统思考得分最高，用时2小时以上教师的得分最低。数据表明，民办高校教师上班单程用时为1～2小时的系统思考能力最高，但用时超过2小时之后，系统思考能力回落到最低点。

**13. 年收支水平**

如图2-4-55所示，在不同年收支水平教师的比较中，很不足、不足、持平、略有富余、很富余教师的系统思考能力得分均值分别为3.969、3.993、4.033、4.069、4.192，其中年收支很富余教师的系统思考得分最高，年收支很不足教师的得分最低。数据表明，民办高校教师年收支水平越高，教师的系统思考能力越强。

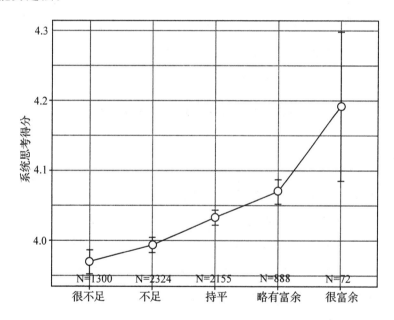

**图2-4-55　不同年收支水平教师系统思考水平均值图**

**14. 职务**

如图2-4-56所示，在不同职务教师的比较中，担任专职教师、专职科研人员、专职辅导员、院系领导、校部中层、校领导职务教师的系统思考能力得分均值分别为4.010、3.909、4.002、4.142、4.035、3.925，其中担任院系领导职务教师的系统思考得分最高，担任专职科研人员职务教师的得分最低。数据表明，民办高校担任院系领导、校部中层职务教师的系统思考能力好于担任专职辅导员、专职教师、校领导、专职科研人员职务教师的系统思考。

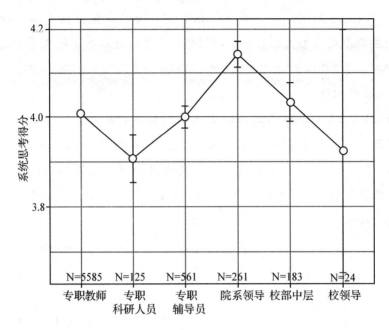

图 2-4-56　不同职务教师系统思考水平均值图

## (三)结论

第一，民办专科院校教师的系统思考能力稍好于民办本科院校教师。

第二，民办高校男教师的系统思考能力稍好于女教师。

第三，民办高校全职教师的系统思考能力稍好于兼职教师。

第四，民办高校青年教师系统思考能力较弱，青年到中年教师的系统思考能力逐步改善，中年教师的系统思考能力良好，中年到老年教师的系统思考能力略有回落。

第五，民办高校教师的系统思考能力由低教龄到高教龄逐步提升，但临近退休时系统思考能力出现回落，退休后系统思考能力又再次回升。

第六，在一所学校工作的年限越长，民办高校教师的系统思考能力越强，但工作 6～10 年时会出现阶段性回落。

第七，从最低学历到学士本科学历的民办高校教师系统思考能力越来越强，但高于硕士研究生学历的教师系统思考能力回落明显。

第八，民办高校无职称教师的系统思考能力最低，随着职称的提升，教师系统思考能力逐步提高，特别是正高级职称教师的系统思考能力最强，但中级职称教师的系统思考能力存在阶段性回落。

第九，在民办高校，不同学科教师的系统思考能力差异不大，经济学和法学教师的系统思考能力略强。

第十，一学期中承担课程门数越多，民办高校教师的系统思考能力越强，但教师承担课程达到2门之后，系统思考能力略有回落并且增长放缓。

第十一，一学期中每周承担授课学时越多，民办高校教师的系统思考能力越强，但教师授课学时达到30学时之后，系统思考能力明显回落。

第十二，民办高校教师上班单程用时为1～2小时的系统思考能力最高，但用时超过2小时之后，系统思考能力回落到最低点。

第十三，民办高校教师年收支水平越高，教师的系统思考能力越强。

第十四，民办高校担任院系领导、校部中层职务教师的系统思考能力好于担任专职辅导员、专职教师、校领导、专职科研人员职务教师的系统思考。

# 第五章　学生创业能力分析

**内容提要**

本章主要关注我国民办教育发展的热点问题，聚焦民办高校学生创业能力的发展状况。通过分析创业意愿、创业风险认知、创业技能、创业环境评价四个维度，研究发现民办高校学生创业能力受多种因素影响，并存在群体差异。能力差异主要体现在就读专业层次、性别、独生子女情况、担任学生干部（社团负责人）情况、兼职情况、学校办学层次、年龄、年级、录取方式、专业所属学科、专业满意度、家庭所在地、父母最高学历、相对月支出等方面。

近年来，我国提出要建设创新型国家，党的十八大强调要坚持走中国特色自主创新道路、实施创新驱动发展战略。在建设创新型国家、发展创新型经济的战略背景下，中央和地方不断出台各类鼓励创业创新的文件和配套政策。自2013年5月至今，中央层面出台的创业创新促进文件已有20份以上。创业创新的政策和精神推动我国创业创新活动持续深入开展，尤其是在教育部出台关于大学生自主创业、国务院出台"双创"文件以来，大学生的创业热情高涨，逐渐成为我国"大众创业、万众创新"的重要力量。大学生作为高层次人才的主要来源，是建设创新型国家、发展创新型经济的重要依托，因而，培养大学生的创业能力是时代发展的重要课题。

知识经济的本质是创新、创造，创新已经成为推动时代前进的根本动力。这对高校的人才培养也提出了新的要求，传统的教育方式和内容培养出的大学生难以适应时代发展的需要。高校亟须改革人才培养模式，将人才培养与社会实际接轨，以培养大学生的创业能力作为我国高等教育深化改革的重要内容。相对于公办高校，民办高校与市场、行业、企业的联系更为紧密，信息捕捉的灵敏性较高。在这一相对优势下，对民办高校学生创业能力发展现状的研究，是提高民办高校创新创业教育质量、推进民办高校学生创业的重要参考。

早在20世纪60年代，西方国家就开始了对创业的专门研究，但社会各界对"创业能力"这一议题的关注和研究兴起于 20 世纪与 21 世纪之交。对大学生创业能力的研究，主要集中在以下三个方向：创业能力的概念及构成要素、创业能力的影响因素、创业能力的培养机制。关于创业能力的概念，曼（Man）认为创业能力是创业者开创事业或成功履职的综合能力，包括隐性知识、关键技能和个性等能力和品质。[①] 沙恩（Shane）等学者将创业能力视为创业者发现、识别和利用机会的能力。[②] 国内学者蒋乃平认为创业能力是一种高层次的综合能力，可以分解为专业能力、方法能力和社会能力。[③] 关于大学生创业能力的影响因素，钟云华、范蔚等人发现大学生的性别、年级、家庭积蓄支持、家人或亲戚创业、学校创业课程是大学生创业能力的重要影响因素。[④⑤] 任泽中从资源协同视角出发，发现社会网络资源、实践实训资源、教育教学资源、政策文化资源对大学生不同方面创业能力的发展各有影响。[⑥] 关于创业能力的培养，周海涛的研究发现，强化各类资源协同，加强创业教育的针对性、专业性和衔接性，增强政府在创业优惠政策方面的系统性、整体性和协调性，是进一步培养学生创业能力的重要途径。[⑦]

创业能力是指创业主体拥有的有助于其创业成功和创业企业成长的综合能力。学生创业能力是指大学生发现商机、形成创业设想、组合资源以创立和经营企业的综合能力。学生创业能力包括创业意愿、创业风险认知、创业技能和创业环境评价四个方面。

---

① Man T W Y，"The competitiveness of small and medium enterprises：A conceptualization with focus on entrepreneurial competencies，" Journal of Business Venturing，2002，17(2)，pp. 123-142.

② Shane S and Venkataraman S，"The promise of entrepreneurship as a field of research，" Academy of Management Review，2000，25(1)，pp. 217-226.

③ 蒋乃平：《创业能力包含的三类能力》，载《职教通讯》，1999(03)。

④ 钟云华、罗茜：《大学生创业能力的影响因素及提升路径》，载《现代教育管理》，2016(03)。

⑤ 范蔚：《大学生创业能力现状及培养策略研究》，博士学位论文，南京邮电大学，2016。

⑥ 任泽中：《资源协同视域下大学生创业能力影响因素与发展机制研究》，博士学位论文，江苏大学，2016。

⑦ 周海涛：《让大学生创业可望又可即》，载《就业与保障》，2014(06)。

# 一、创业意愿

有创业意愿是个体进行创业的前提，只有具备较强的创业意愿的个体才可能真正从事创业活动。探索大学生创业意愿的强弱及其影响因素，是预测大学生创业行为的重要依据，也是决策者和教育者有针对性地改善创业政策环境、改进创业教育方式的重要参考。尽管近年来国家大力提倡创业创新，社会各界的创新精神焕发，"大众创业、万众创新"逐渐成为新的浪潮，然而许多大学生只愿做'白领'，不肯为'首领'的现象还比较普遍。相比于美国大学生 22%～23% 的创业比例，我国大学毕业生创业的比例不到 3%，这一现实提示我们，应进一步关注大学生的创业意愿现状。

## （一）总体情况

创业意愿是指大学生未来选择创业的态度和愿望等心理倾向。民办高校学生创业意愿较强，均值为 3.69，在学生创业能力各维度中均值最高。

## （二）差异比较分析

### 1. 就读专业层次

如图 2-5-1 所示，在不同就读专业层次学生的比较中，本科学生（均值为 3.716）的创业意愿得分比专科学生（均值为 3.677）高。数据表明，民办高校本科学生的创业意愿强于专科学生。

### 2. 性别

如图 2-5-2 所示，在不同性别学生的比较中，男生（均值为 3.798）的创业意愿得分比女生（均值为 3.602）高。数据表明，民办高校男生的创业意愿强于女生。

### 3. 独生子女情况

如图 2-5-3 所示，在独生子女与非独生子女学生的比较中，独生子女学生（均值为 3.703）的创业意愿得分比非独生子女学生（均值为 3.687）高。数据表明，民办高校独生子女学生的创业意愿强于非独生子女学生。

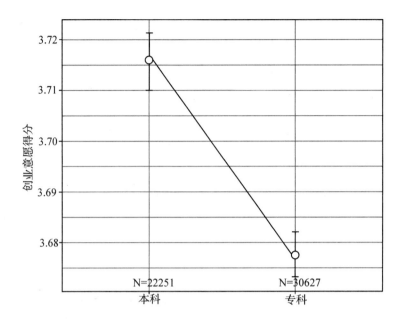

**图 2-5-1　不同就读专业层次学生创业意愿水平均值图**

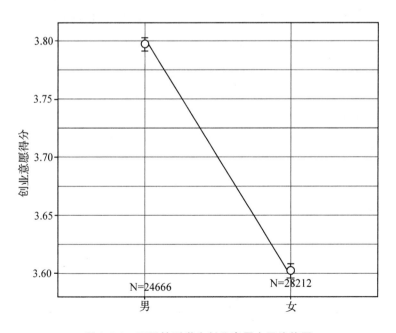

**图 2-5-2　不同性别学生创业意愿水平均值图**

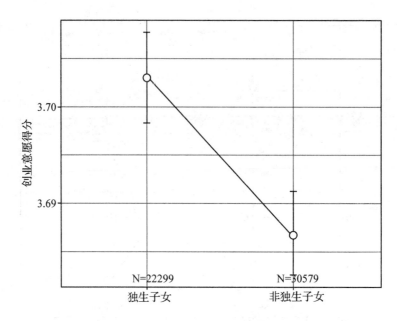

图 2-5-3  独生子女与非独生子女学生创业意愿水平均值图

### 4. 担任学生干部(社团负责人)情况

如图 2-5-4 所示,在担任与未担任学生干部(社团负责人)学生的比较中,担任学生干部(社团负责人)的学生(均值为 3.792)的创业意愿得分比未担任学

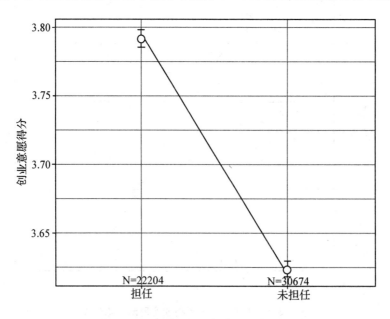

图 2-5-4  担任与未担任学生干部(社团负责人)学生创业意愿水平均值图

生干部（社团负责人）的学生（均值为 3.622）高。数据表明，民办高校担任学生干部（社团负责人）的学生的创业意愿强于未担任学生干部（社团负责人）的学生。

### 5. 兼职情况

如图 2-5-5 所示，在不同兼职情况学生的比较中，有兼职经历学生（均值为3.780）的创业意愿得分比无兼职经历学生（均值为 3.645）高。数据表明，民办高校有兼职经历的学生的创业意愿强于无兼职经历的学生。

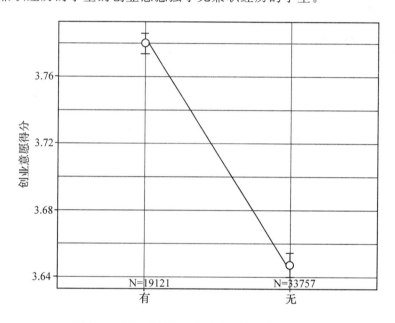

图 2-5-5　不同兼职情况学生创业意愿水平均值图

### 6. 学校办学层次（以最高层次为准）

如图 2-5-6 所示，在不同办学层次学校学生的比较中，专科/高职、本科、本科以上学校学生的创业意愿得分均值分别为 3.672、3.711、3.738，其中本科以上学校学生的创业意愿得分最高，专科/高职学校学生的得分最低。数据表明，民办高校学生就读学校办学层次越高，其创业意愿越强。

### 7. 年龄

如图 2-5-7 所示，在不同年龄学生的比较中，18 岁及以下、19 岁、20 岁、21 岁、22 岁及以上学生的创业意愿得分均值分别为 3.635、3.654、3.694、3.729、3.770，其中 22 岁及以上学生的创业意愿得分最高，18 岁及以下学生的得分最低。数据表明，民办高校学生的创业意愿随着其年龄的增长而增强。

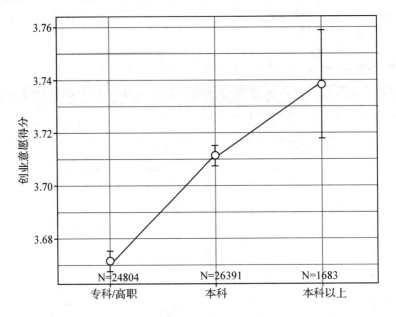

图 2-5-6  不同办学层次学校学生创业意愿水平均值图

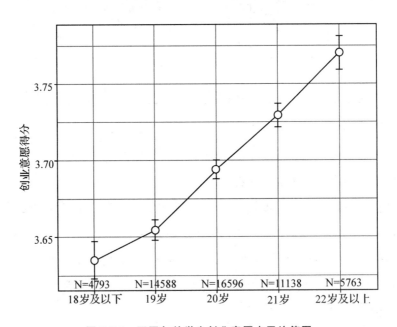

图 2-5-7  不同年龄学生创业意愿水平均值图

## 8. 年级

如图 2-5-8 所示，在不同年级学生的比较中，大一、大二、大三、大四、大五学生的创业意愿得分均值分别为 3.701、3.674、3.692、3.834、3.496，其中大四学生的创业意愿得分最高，大五学生的得分最低。数据表明，民办高校学生的创业意愿随着就读年级的变化呈现波动发展，在大四时最强，在大五时最弱。

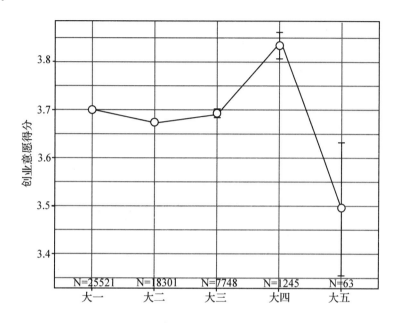

**图 2-5-8　不同年级学生创业意愿水平均值图**

### 9. 录取方式

如图 2-5-9 所示，在不同录取方式学生的比较中，被第一志愿、非第一志愿、调剂、其他方式录取的学生的创业意愿得分均值分别为 3.734、3.630、3.618、3.592，其中被第一志愿录取的学生的创业意愿得分最高，被其他方式录取的学生的得分最低。数据表明，被第一志愿、非第一志愿、调剂、其他方式录取的民办高校学生的创业意愿逐渐减弱。

### 10. 专业所属学科

如图 2-5-10 所示，在不同专业所属学科学生的比较中，工学、经济学、管理学、艺术学、法学、教育学、农学、医学、理学、哲学、文学学生的创业意愿得分均值分别为 3.737、3.631、3.643、3.772、3.705、3.739、3.700、3.672、3.709、3.750、3.587，其中艺术学学生的创业意愿得分最高，文学学生的得分最低。数据表明，不同学科的民办高校学生的创业意愿差异较大，其中艺术学学生的创业意愿最强，文学学生的创业意愿最弱。

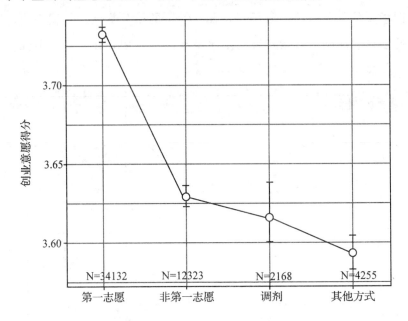

图 2-5-9　不同录取方式学生创业意愿水平均值图

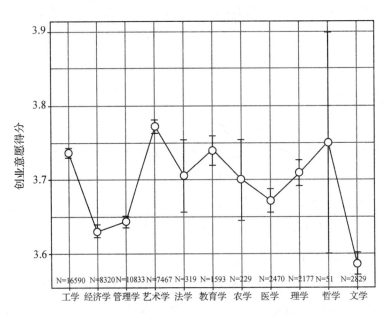

图 2-5-10　不同专业所属学科学生创业意愿水平均值图

## 11. 专业满意度

如图 2-5-11 所示，在不同专业满意度学生的比较中，对就读专业很不满

意、不满意、一般、满意、很满意学生的创业意愿得分均值分别为 3.690、
3.511、3.544、3.725、4.064，其中对就读专业很满意的学生的创业意愿得分
最高，对就读专业不满意的学生的得分最低。数据表明，对就读专业很满意和
满意的民办高校学生有较强的创业意愿，而对就读专业满意度一般和不满意的
学生创业意愿较弱。

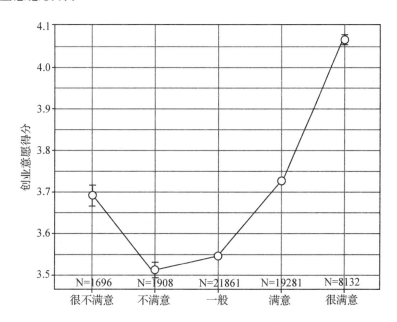

**图 2-5-11　不同专业满意度学生创业意愿水平均值图**

### 12. 家庭所在地

如图 2-5-12 所示，在不同家庭所在地学生的比较中，直辖市、省会城市、
地级市、城镇、农村学生的创业意愿得分均值分别为 3.742、3.711、3.736、
3.693、3.670，其中直辖市家庭学生的创业意愿得分最高，农村家庭学生的得
分最低。数据表明，民办高校学生的创业意愿与其家庭所在地的行政级别有一
定联系。总体上，家庭所在地行政级别越高，学生的创业意愿越强，但省会城
市学生的创业意愿弱于地级市学生。

### 13. 父母最高学历

如图 2-5-13 所示，在不同父母最高学历学生的比较中，父母最高学历为小
学、初中、高中/中专、大专、本科、硕士研究生、博士研究生的学生的创业
意愿得分均值分别为 3.648、3.664、3.722、3.745、3.783、3.695、3.838，

其中父母最高学历为博士研究生的学生的创业意愿得分最高，父母最高学历为小学的学生的得分最低。数据表明，民办高校学生的创业意愿随着其父母最高学历的提升而增强，但父母最高学历为硕士研究生的学生创业意愿明显较弱。

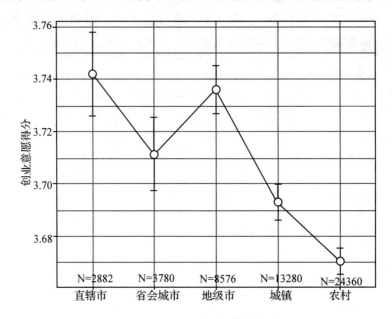

图 2-5-12　不同家庭所在地学生创业意愿水平均值图

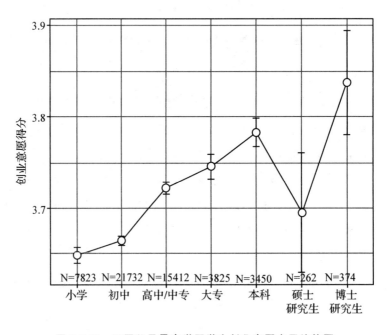

图 2-5-13　不同父母最高学历学生创业意愿水平均值图

### 14. 相对月支出

如图 2-5-14 所示，在不同相对月支出学生的比较中，月支出相对周围同学很少、少、持平、多、很多的学生的创业意愿得分均值分别为 3.876、3.687、3.663、3.764、3.821，其中月支出相对周围同学很少的学生的创业意愿得分最高，月支出与周围同学持平的学生的得分最低。数据表明，不同月支出水平的民办高校学生的创业意愿差异较大，月支出相对周围同学很少和很多的学生有较强的创业意愿，月支出与周围同学持平的学生创业意愿最弱。

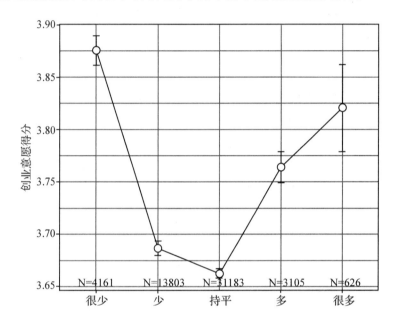

**图 2-5-14　不同相对月支出学生创业意愿水平均值图**

### 15. 助学贷款情况

如图 2-5-15 所示，在不同助学贷款情况学生的比较中，无助学贷款、有国家助学贷款、生源地助学贷款、其他形式贷款的学生的创业意愿得分均值分别为 3.681、3.772、3.713、3.751，其中有国家助学贷款的学生的创业意愿得分最高，无助学贷款的学生的得分最低。数据表明，不同助学贷款情况的民办高校学生的创业意愿差异较大，有国家助学贷款的学生创业意愿最强，无助学贷款的学生创业意愿最弱。

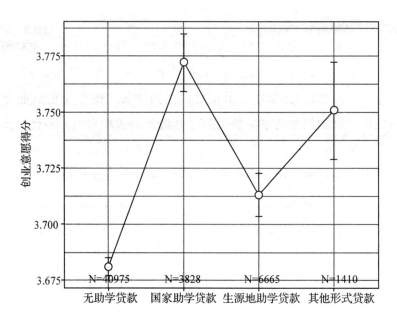

**图 2-5-15  不同助学贷款情况学生创业意愿水平均值图**

## (三)结论

第一，民办高校本科学生的创业意愿强于专科学生。

第二，民办高校男生的创业意愿强于女生。

第三，民办高校独生子女学生的创业意愿强于非独生子女学生。

第四，民办高校担任学生干部（社团负责人）的学生的创业意愿强于未担任学生干部（社团负责人）的学生。

第五，民办高校有兼职经历的学生的创业意愿强于无兼职经历的学生。

第六，民办高校学生就读学校办学层次越高，其创业意愿越强。

第七，民办高校学生的创业意愿随着其年龄的增长而增强。

第八，民办高校学生的创业意愿随着就读年级的变化呈现波动发展，在大四时最强，在大五时最弱。

第九，被第一志愿、非第一志愿、调剂、其他方式录取的民办高校学生的创业意愿逐渐减弱。

第十，不同学科的民办高校学生的创业意愿差异较大，其中艺术学学生的创业意愿最强，文学学生的创业意愿最弱。

第十一，对就读专业很满意和满意的民办高校学生有较强的创业意愿，而对就读专业满意度一般和不满意的学生创业意愿较弱。

第十二，民办高校学生的创业意愿与其家庭所在地的行政级别有一定联系。总体上，家庭所在地行政级别越高，学生的创业意愿越强，但省会城市学生的创业意愿弱于地级市学生。

第十三，民办高校学生的创业意愿随着其父母最高学历的提升而增强，但父母最高学历为硕士研究生的学生创业意愿明显较弱。

第十四，不同月支出水平的民办高校学生的创业意愿差异较大，月支出相对周围同学很少和很多的学生有较强的创业意愿，月支出与周围同学持平的学生创业意愿最弱。

第十五，不同助学贷款情况的民办高校学生的创业意愿差异较大，有国家助学贷款的学生创业意愿最强，无助学贷款的学生创业意愿最弱。

# 二、创业风险认知

"创业有风险，入行需谨慎"是每一个创业者都必须面临的客观现实。创业的风险来源多样，例如，创业环境具有不确定性，创业机会和行业发展具有复杂性，创业者、创业团队与创业投资者的能力具有有限性，等等。而大学生因涉世不深，对市场规则和商业法律认识不足，对创业中可能遭遇的合同诈骗、供应商跑路等情况缺乏警醒，加上制度保障缺失、相关监管滞后，造成大学生创业面临的风险更大。据统计，我国大学生创业成功率仅为 3% 左右，只占到了成功创业企业的一成；超过一半的大学生创业者在毕业三年内退出创业。大学生创业失败背后的原因多种多样，而未能理性客观地认识创业风险是不可忽视的重要因素。由此可见，客观评估创业风险、理性分析创业成功的可能性，是创业者做好相应的风险防范、保障自身权益、提高创业成功概率的重要前提。探究大学生的创业风险认知水平，是帮助大学生提高创业能力的题中之意。

## (一)总体情况

创业风险认知是指大学生对创业活动存在的各种客观风险和负面结果的直

观判断、主观感受和理性评估。民办高校学生创业风险认知水平较高，均值为
3.67，在学生创业能力各维度中均值较高。

## (二)差异比较分析

### 1. 就读专业层次

如图 2-5-16 所示，在不同就读专业层次学生的比较中，本科学生(均值为
3.724)的创业风险认知得分比专科学生(均值为 3.637)高。数据表明，民办高
校本科学生的创业风险认知水平高于专科学生。

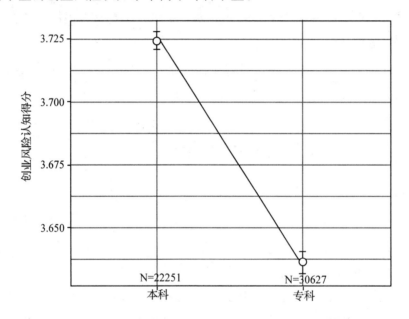

**图 2-5-16　不同就读专业层次学生创业风险认知水平均值图**

### 2. 性别

如图 2-5-17 所示，在不同性别学生的比较中，男生(均值为 3.745)的创业
风险认知得分比女生(均值为 3.611)高。数据表明，民办高校男生的创业风险
认知水平高于女生。

### 3. 独生子女情况

如图 2-5-18 所示，在独生子女与非独生子女学生的比较中，独生子女学生
(均值为 3.687)的创业风险认知得分比非独生子女学生(均值为 3.664)高。数据
表明，民办高校独生子女学生的创业风险认知水平高于非独生子女学生。

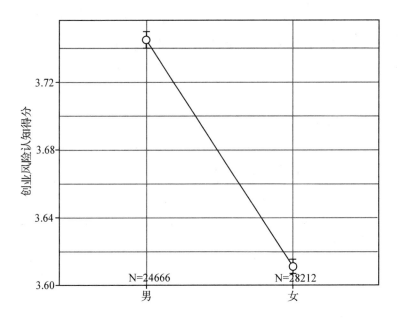

**图 2-5-17 不同性别学生创业风险认知水平均值图**

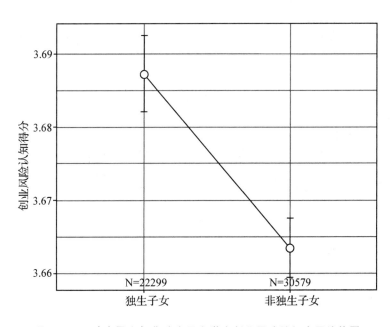

**图 2-5-18 独生子女与非独生子女学生创业风险认知水平均值图**

### 4. 担任学生干部(社团负责人)情况

如图 2-5-19 所示,在担任与未担任学生干部(社团负责人)学生的比较中,担任学生干部(社团负责人)的学生(均值为 3.751)的创业风险认知得分比未担任学生干部(社团负责人)的学生(均值为 3.617)高。数据表明,民办高校担任学生干部(社团负责人)的学生的创业风险认知水平高于未担任学生干部(社团负责人)的学生。

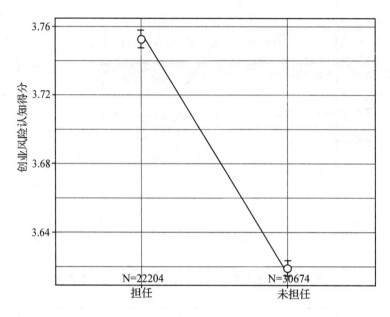

**图 2-5-19　担任与未担任学生干部(社团负责人)学生创业风险认知水平均值图**

### 5. 兼职情况

如图 2-5-20 所示,在不同兼职情况学生的比较中,有兼职经历学生(均值

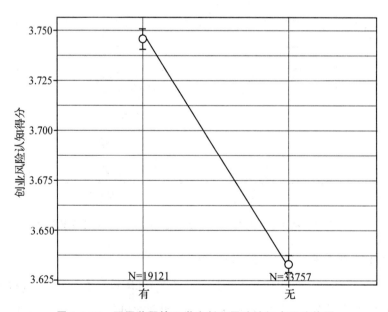

**图 2-5-20　不同兼职情况学生创业风险认知水平均值图**

为 3.745)的创业风险认知得分比无兼职经历学生(均值为 3.633)高。数据表明,民办高校有兼职经历的学生的创业风险认知水平高于无兼职经历的学生。

**6. 学校办学层次(以最高层次为准)**

如图 2-5-21 所示,在不同办学层次学校学生的比较中,专科/高职、本科、本科以上学校学生的创业风险认知得分均值分别为 3.639、3.706、3.687,其中本科学校学生的创业风险认知得分最高,专科/高职学校学生的得分最低。数据表明,本科和本科以上民办高校学生的创业风险认知水平高于专科/高职学校学生。

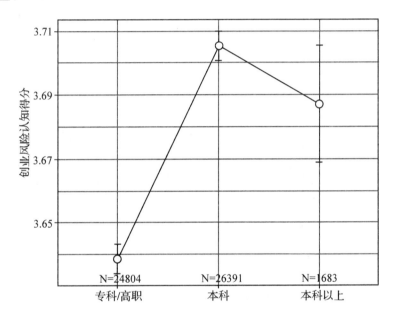

**图 2-5-21　不同办学层次学校学生创业风险认知水平均值图**

**7. 年龄**

如图 2-5-22 所示,在不同年龄学生的比较中,18 岁及以下、19 岁、20 岁、21 岁、22 岁及以上学生的创业风险认知得分均值分别为 3.583、3.630、3.669、3.722、3.778,其中 22 岁及以上学生的创业风险认知得分最高,18 岁及以下学生的得分最低。数据表明,民办高校学生的创业风险认知水平随着其年龄的增长而提升。

**8. 年级**

如图 2-5-23 所示,在不同年级学生的比较中,大一、大二、大三、大四、大五学生的创业风险认知得分均值分别为 3.663、3.664、3.702、3.852、3.357，其中大四学生的创业风险认知得分最高，大五学生的得分最低。数据表明，民办高校学生的创业风险认知水平随着就读年级的变化呈现波动发展，在大四时最高，在大五时最低。

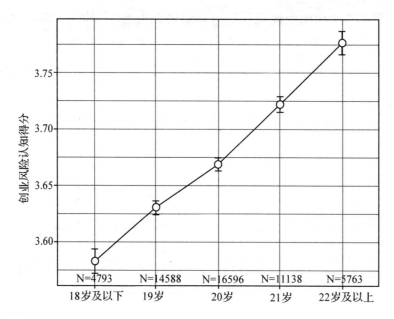

**图 2-5-22 不同年龄学生创业风险认知水平均值图**

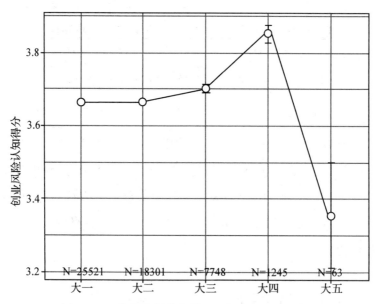

**图 2-5-23 不同年级学生创业风险认知水平均值图**

### 9. 录取方式

如图 2-5-24 所示,在不同录取方式学生的比较中,被第一志愿、非第一志愿、调剂、其他方式录取的学生的创业风险认知得分均值分别为 3.712、3.614、3.625、3.563,其中被第一志愿录取的学生的创业风险认知得分最高,被其他方式录取的学生的得分最低。数据表明,被第一志愿、调剂、非第一志愿、其他方式录取的民办高校学生的创业风险认知水平递减。

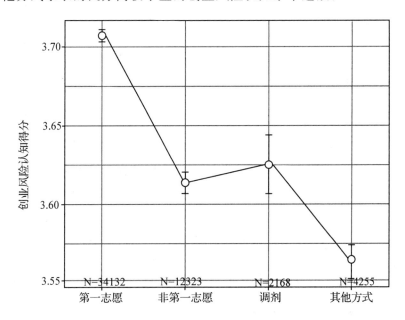

**图 2-5-24　不同录取方式学生创业风险认知水平均值图**

### 10. 专业所属学科

如图 2-5-25 所示,在不同专业所属学科学生的比较中,工学、经济学、管理学、艺术学、法学、教育学、农学、医学、理学、哲学、文学学生的创业风险认知得分均值分别为 3.710、3.637、3.630、3.708、3.707、3.716、3.692、3.640、3.707、3.701、3.614,其中教育学学生的创业风险认知得分最高,文学学生的得分最低。数据表明,不同学科的民办高校学生的创业风险认知水平有一定差异,其中教育学学生的创业风险认知水平最高,文学学生的创业风险认知水平最低。

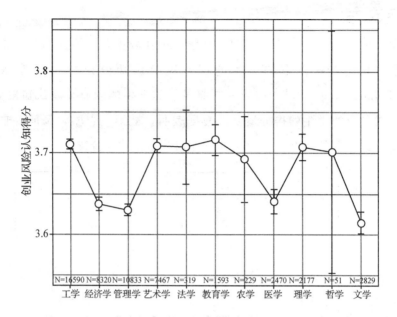

图 2-5-25　不同专业所属学科学生创业风险认知水平均值图

**11. 专业满意度**

如图 2-5-26 所示，在不同专业满意度学生的比较中，对就读专业很不满意、不满意、一般、满意、很满意学生的创业风险认知得分均值分别为 3.635、3.516、3.545、3.704、3.993，其中对就读专业很满意的学生的创业风险认知

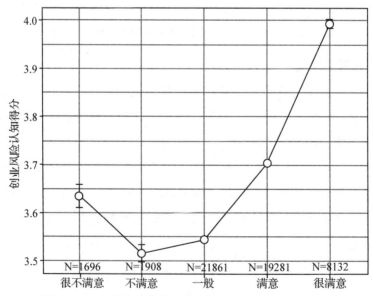

图 2-5-26　不同专业满意度学生创业风险认知水平均值图

得分最高，对就读专业不满意的学生的得分最低。数据表明，对就读专业很满意和满意的民办高校学生的创业风险认知水平较高，而对就读专业满意度一般和不满意的学生的创业风险认知水平较低。

### 12. 家庭所在地

如图 2-5-27 所示，在不同家庭所在地学生的比较中，直辖市、省会城市、地级市、城镇、农村学生的创业风险认知得分均值分别为 3.727、3.698、3.714、3.663、3.655，其中直辖市家庭学生的创业风险认知水平得分最高，农村家庭学生的得分最低。数据表明，民办高校学生的创业风险认知水平与其家庭所在地的行政级别有一定联系。总体上，家庭所在地行政级别越高，学生的创业风险认知水平越高，但省会城市学生的创业风险认知水平低于地级市学生。

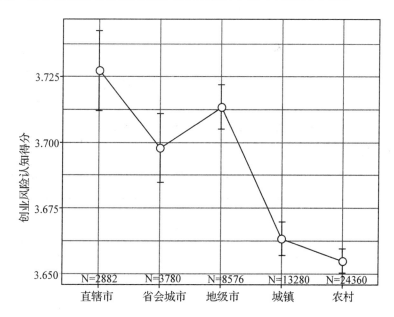

图 2-5-27　不同家庭所在地学生创业风险认知水平均值图

### 13. 父母最高学历

如图 2-5-28 所示，在不同父母最高学历学生的比较中，父母最高学历为小学、初中、高中/中专、大专、本科、硕士研究生、博士研究生的学生的创业风险认知得分均值分别为 3.628、3.643、3.695、3.726、3.792、3.718、3.833，其中父母最高学历为博士研究生的学生的创业风险认知得分最高，父母最高学历为小学的学生的得分最低。数据表明，民办高校学生的创业风险认知水平随着其父母最高学历的提升而提升，但父母最高学历为硕士研究生的学生的创业风险认知水平显著低于父母最高学历为本科的学生。

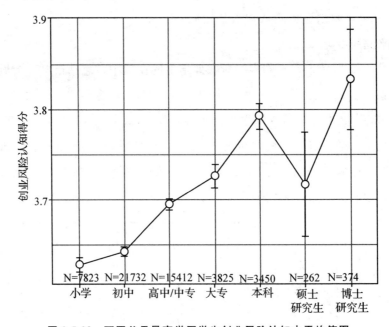

图 2-5-28　不同父母最高学历学生创业风险认知水平均值图

## 14. 相对月支出

如图 2-5-29 所示，在不同相对月支出学生的比较中，月支出相对周围同学

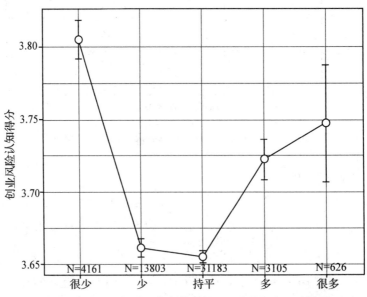

图 2-5-29　不同相对月支出学生创业风险认知水平均值图

很少、少、持平、多、很多的学生的创业风险认知得分均值分别为 3.805、3.661、3.655、3.722、3.747，其中月支出相对周围同学很少的学生的创业风险认知得分最高，月支出与周围同学持平的学生的得分最低。数据表明，不同月支出水平的民办高校学生的创业风险认知水平差异较大，月支出相对周围同学很少和很多的学生有较高的创业风险认知水平，月支出与周围同学持平的学生创业风险认知水平最低。

**15. 助学贷款情况**

如图 2-5-30 所示，在不同助学贷款情况学生的比较中，无助学贷款、有国家助学贷款、生源地助学贷款、其他形式贷款的学生的创业风险认知得分均值分别为 3.665、3.750、3.682、3.676，其中有国家助学贷款的学生的创业风险认知得分最高，无助学贷款的学生的得分最低。数据表明，不同助学贷款情况的民办高校学生的创业风险认知水平差异较大，有国家助学贷款的学生创业风险认知水平最高，无助学贷款的学生创业风险认知水平最低。

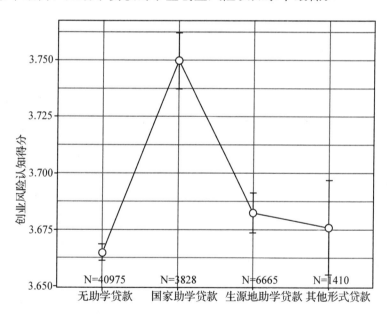

图 2-5-30　不同助学贷款情况学生创业风险认知水平均值图

## （三）结论

第一，民办高校本科学生的创业风险认知水平高于专科学生。

第二，民办高校男生的创业风险认知水平高于女生。

第三，民办高校独生子女学生的创业风险认知水平高于非独生子女学生。

第四，民办高校担任学生干部（社团负责人）的学生的创业风险认知水平高于未担任学生干部（社团负责人）的学生。

第五，民办高校有兼职经历的学生的创业风险认知水平高于无兼职经历的学生。

第六，本科和本科以上民办高校学生的创业风险认知水平高于专科/高职学校学生。

第七，民办高校学生的创业风险认知水平随着其年龄的增长而提升。

第八，民办高校学生的创业风险认知水平随着就读年级的变化呈现波动发展，在大四时最高，在大五时最低。

第九，被第一志愿、调剂、非第一志愿、其他方式录取的民办高校学生的创业风险认知水平递减。

第十，不同学科的民办高校学生的创业风险认知水平有一定差异，其中教育学学生的创业风险认知水平最高，文学学生的创业风险认知水平最低。

第十一，对就读专业很满意和满意的民办高校学生的创业风险认知水平较高，而对就读专业满意度一般和不满意的学生的创业风险认知水平较低。

第十二，民办高校学生的创业风险认知水平与其家庭所在地的行政级别有一定联系。总体上，家庭所在地行政级别越高，学生的创业风险认知水平越高，但省会城市学生的创业风险认知水平低于地级市学生。

第十三，民办高校学生的创业风险认知水平随着其父母最高学历的提升而提升，但父母最高学历为硕士研究生的学生的创业风险认知水平显著低于父母最高学历为本科的学生。

第十四，不同月支出水平的民办高校学生的创业风险认知水平差异较大，月支出相对周围同学很少和很多的学生有较高的创业风险认知水平，月支出与周围同学持平的学生创业风险认知水平最低。

第十五，不同助学贷款情况的民办高校学生的创业风险认知水平差异较大，有国家助学贷款的学生创业风险认知水平最高，无助学贷款的学生创业风险认知水平最低。

# 三、创业技能

"创业艰难百战多"，创业过程通常都非常惊险，对于经验不足的大学生来说可能尤甚，来自技术、资金、市场、团队等多方面的挑战对创业者提出了很高要求。因而，要成功地开展创业活动，仅仅有创业的意愿是不够的，个体还必须有多方面、系列性的技能作为支撑，包括通用技能和专业技能。其中，通用技能包括学习能力、沟通能力、应变能力、领导能力等，专业技能包括经营能力、财会能力、市场敏锐度等。高校开展创业教育，最核心的内容便是培养学生的各类创业技能，为大学生创业提供最基本、最重要的能力保障。

## (一)总体情况

创业技能是指从事或胜任创业活动所必备的各类技术、手段和能力。民办高校学生创业技能水平一般，均值为 3.62，在学生创业能力各维度中均值较低。

## (二)差异比较分析

### 1. 就读专业层次

如图 2-5-31 所示，在不同就读专业层次学生的比较中，本科学生(均值为 3.672)的创业技能得分比专科学生(均值为 3.579)高。数据表明，民办高校本科学生的创业技能水平高于专科学生。

### 2. 性别

如图 2-5-32 所示，在不同性别学生的比较中，男生(均值为 3.698)的创业技能得分比女生(均值为 3.548)高。数据表明，民办高校男生的创业技能水平高于女生。

### 3. 独生子女情况

如图 2-5-33 所示，在独生子女与非独生子女学生的比较中，独生子女学生(均值为 3.651)的创业技能得分比非独生子女学生(均值为 3.594)高。数据表明，民办高校独生子女学生的创业技能水平高于非独生子女学生。

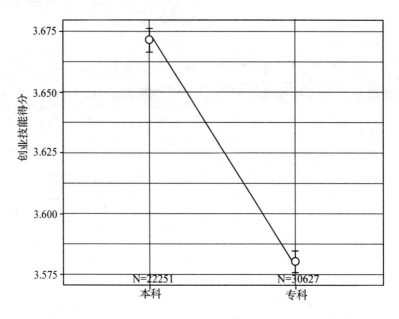

图 2-5-31　不同就读专业层次学生创业技能水平均值图

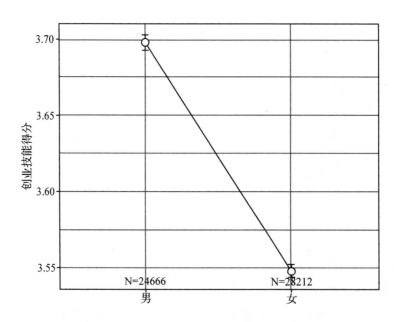

图 2-5-32　不同性别学生创业技能水平均值图

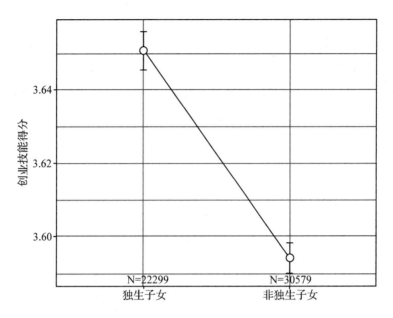

**图 2-5-33　独生子女与非独生子女学生创业技能水平均值图**

### 4. 担任学生干部（社团负责人）情况

如图 2-5-34 所示，在担任与未担任学生干部（社团负责人）学生的比较中，担任学生干部（社团负责人）的学生（均值为 3.731）的创业技能得分比未担任学生干

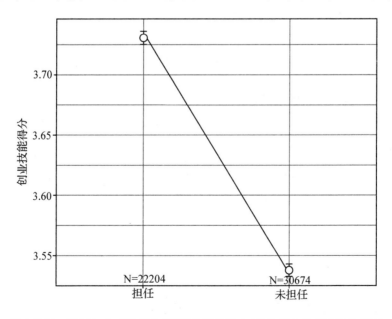

**图 2-5-34　担任与未担任学生干部（社团负责人）学生创业技能水平均值图**

部(社团负责人)的学生(均值为 3.536)高。数据表明,民办高校担任学生干部(社团负责人)的学生的创业技能水平高于未担任学生干部(社团负责人)的学生。

**5. 兼职情况**

如图 2-5-35 所示,在不同兼职情况学生的比较中,有兼职经历学生(均值为 3.711)的创业技能得分比无兼职经历学生(均值为 3.565)高。数据表明,民办高校有兼职经历的学生的创业技能水平高于无兼职经历的学生。

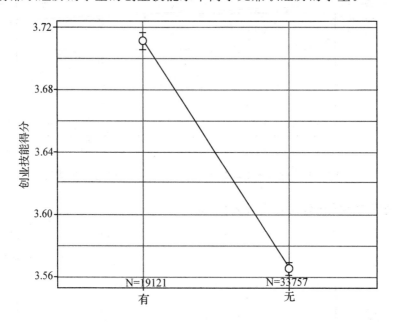

**图 2-5-35 不同兼职情况学生创业技能水平均值图**

**6. 学校办学层次(以最高层次为准)**

如图 2-5-36 所示,在不同办学层次学校学生的比较中,专科/高职、本科、本科以上学校学生的创业技能得分均值分别为 3.579、3.651、3.669,其中本科以上学校学生的创业技能得分最高,专科/高职学校学生的得分最低。数据表明,民办高校学生就读学校办学层次越高,其创业技能水平越高。

**7. 年龄**

如图 2-5-37 所示,在不同年龄学生的比较中,18 岁及以下、19 岁、20 岁、21 岁、22 岁及以上学生的创业技能得分均值分别为 3.496、3.560、3.618、3.680、3.744,其中 22 岁及以上学生的创业技能得分最高,18 岁及以下学生的得分最低。数据表明,民办高校学生的创业技能水平随着其年龄的增长而提升。

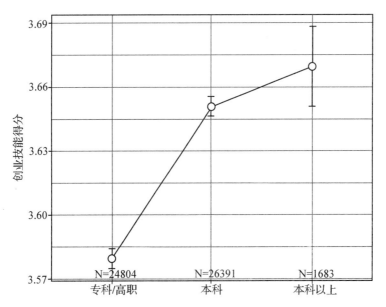

**图 2-5-36 不同办学层次学校学生创业技能水平均值图**

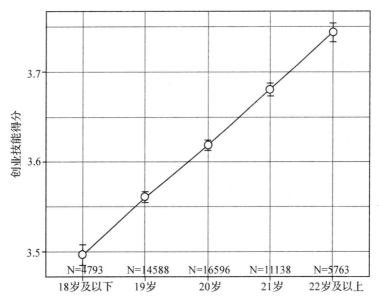

**图 2-5-37 不同年龄学生创业技能水平均值图**

**8. 年级**

如图 2-5-38 所示，在不同年级学生的比较中，大一、大二、大三、大四、大五学生的创业技能得分均值分别为 3.590、3.617、3.679、3.825、3.457，其中大四学生的创业技能得分最高，大五学生的得分最低。数据表明，民办高校学生的创业技能水平随着就读年级的变化呈现波动发展，在大四时最高，在大五时最低。

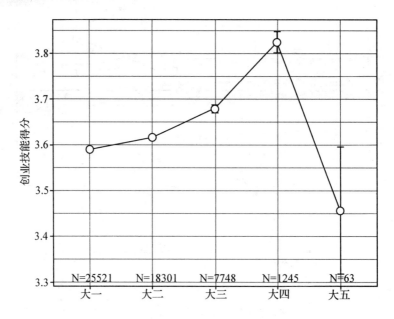

图 2-5-38　不同年级学生创业技能水平均值图

## 9. 录取方式

如图 2-5-39 所示，在不同录取方式学生的比较中，被第一志愿、非第一志

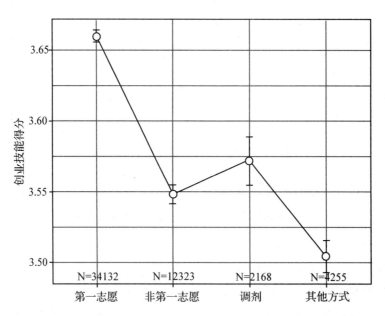

图 2-5-39　不同录取方式学生创业技能水平均值图

愿、调剂、其他方式录取的学生的创业技能得分均值分别为 3.660、3.548、3.572、3.504，其中被第一志愿录取的学生的创业技能得分最高，被其他方式录取的学生的得分最低。数据表明，被第一志愿、调剂、非第一志愿、其他方式录取的民办高校学生的创业技能水平递减。

**10. 专业所属学科**

如图 2-5-40 所示，在不同专业所属学科学生的比较中，工学、经济学、管理学、艺术学、法学、教育学、农学、医学、理学、哲学、文学学生的创业技能得分均值分别为 3.631、3.646、3.617、3.633、3.613、3.606、3.587、3.558、3.614、3.616、3.488，其中经济学学生的创业技能得分最高，文学学生的得分最低。数据表明，不同学科的民办高校学生的创业技能水平有一定差异，其中经济学学生的创业技能水平最高，文学学生的创业技能水平最低。

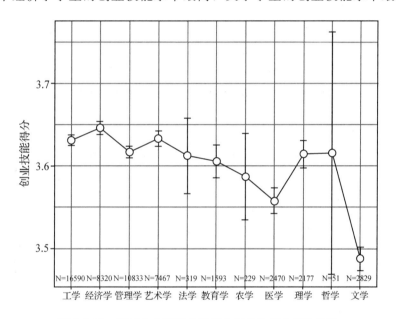

**图 2-5-40 不同专业所属学科学生创业技能水平均值图**

**11. 专业满意度**

如图 2-5-41 所示，在不同专业满意度学生的比较中，对就读专业很不满意、不满意、一般、满意、很满意学生的创业技能得分均值分别为 3.612、3.414、3.464、3.652、3.999，其中对就读专业很满意的学生的创业技能得分最高，对就读专业不满意的学生的得分最低。数据表明，对就读专业很满意和满意的民办高校学生有较高的创业技能水平，而对就读专业满意度一般和不满意的学生创业技能水平较低。

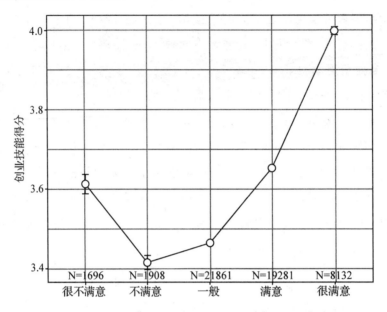

图 2-5-41　不同专业满意度学生创业技能水平均值图

## 12. 家庭所在地

如图 2-5-42 所示，在不同家庭所在地学生的比较中，直辖市、省会城市、

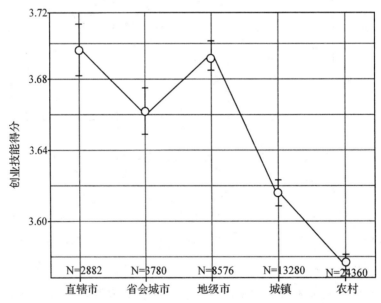

图 2-5-42　不同家庭所在地学生创业技能水平均值图

地级市、城镇、农村学生的创业技能得分均值分别为 3.698、3.661、3.693、3.617、3.576，其中直辖市家庭学生的创业技能得分最高，农村家庭学生的得分最低。数据表明，民办高校学生的创业技能水平与其家庭所在地的行政级别有一定联系。总体上，家庭所在地行政级别越高，学生的创业技能水平越高，但省会城市学生的创业技能水平低于地级市学生。

**13. 父母最高学历**

如图 2-5-43 所示，在不同父母最高学历学生的比较中，父母最高学历为小学、初中、高中/中专、大专、本科、硕士研究生、博士研究生的学生的创业技能得分均值分别为 3.549、3.569、3.654、3.710、3.785、3.731、3.813，其中父母最高学历为博士研究生的学生的创业技能得分最高，父母最高学历为小学的学生的得分最低。数据表明，民办高校学生的创业技能水平随着其父母最高学历的提升而提升，但父母最高学历为硕士研究生的学生创业技能水平显著低于父母最高学历为本科的学生。

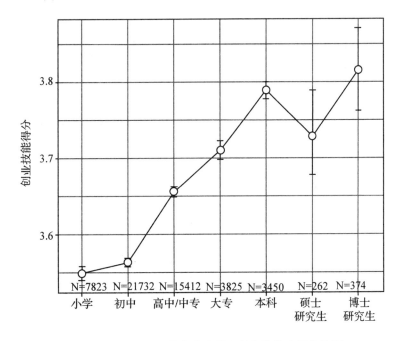

**图 2-5-43 不同父母最高学历学生创业技能水平均值图**

**14. 相对月支出**

如图 2-5-44 所示，在不同相对月支出学生的比较中，月支出相对周围同学很少、少、持平、多、很多的学生的创业技能得分均值分别为 3.790、3.594、3.594、3.702、3.774，其中月支出相对周围同学很少的学生的创业技能得分最高，月支出相对周围同学少和持平的学生的得分最低。数据表明，不同月支出水平的民办高校学生的创业技能水平差异较大，月支出相对周围同学很少和很多的学生有较高的创业技能水平，月支出相对周围同学少和持平的学生创业技能水平最低。

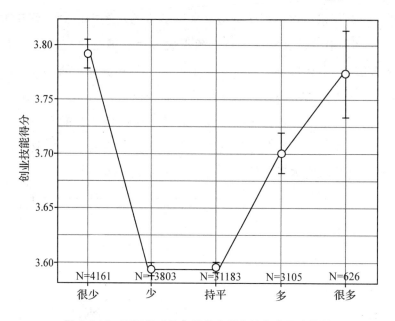

**图 2-5-44　不同相对月支出学生创业技能水平均值图**

### 15. 助学贷款情况

如图 2-5-45 所示，在不同助学贷款情况学生的比较中，无助学贷款、有国家助学贷款、生源地助学贷款、其他形式贷款的学生的创业技能得分均值分别为 3.611、3.697、3.612、3.640，其中有国家助学贷款的学生的创业技能得分最高，无助学贷款的学生的得分最低。数据表明，不同助学贷款情况的民办高校学生的创业技能水平差异较大，有国家助学贷款的学生创业技能水平最高，无助学贷款的学生创业技能水平最低。

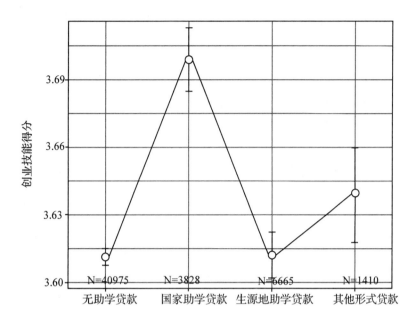

图 2-5-45　不同助学贷款情况学生创业技能水平均值图

## （三）结论

第一，民办高校本科学生的创业技能水平高于专科学生。

第二，民办高校男生的创业技能水平高于女生。

第三，民办高校独生子女学生的创业技能水平高于非独生子女学生。

第四，民办高校担任学生干部（社团负责人）的学生的创业技能水平高于未担任学生干部（社团负责人）的学生。

第五，民办高校有兼职经历的学生的创业技能水平高于无兼职经历的学生。

第六，民办高校学生就读学校办学层次越高，其创业技能水平越高。

第七，民办高校学生的创业技能水平随着其年龄的增长而提升。

第八，民办高校学生的创业技能水平随着就读年级的变化呈现波动发展，在大四时最高，在大五时最低。

第九，被第一志愿、调剂、非第一志愿、其他方式录取的民办高校学生的创业技能水平递减。

第十，不同学科的民办高校学生的创业技能水平有一定差异，其中经济学学生的创业技能水平最高，文学学生的创业技能水平最低。

第十一，对就读专业很满意和满意的民办高校学生有较高的创业技能水平，而对就读专业满意度一般和不满意的学生创业技能水平较低。

第十二，民办高校学生的创业技能水平与其家庭所在地的行政级别有一定联系。总体上，家庭所在地行政级别越高，学生的创业技能水平越高，但省会城市学生的创业技能水平低于地级市学生。

第十三，民办高校学生的创业技能水平随着其父母最高学历的提升而提升，但父母最高学历为硕士研究生的学生创业技能水平显著低于父母最高学历为本科的学生。

第十四，不同月支出水平的民办高校学生的创业技能水平差异较大，月支出相对周围同学很少和很多的学生有较高的创业技能水平，月支出相对周围同学少和持平的学生创业技能水平最低。

第十五，不同助学贷款情况的民办高校学生的创业技能水平差异较大，有国家助学贷款的学生创业技能水平最高，无助学贷款的学生创业技能水平最低。

# 四、创业环境评价

创业活动总是发生在某种客观、具体的环境中，受到该环境中政治、经济、文化等客观条件的制约。创业环境的好坏，在很大程度上决定着该环境中创业活动的热度和数量，也在很大程度上影响着创业活动的类型、方向和成功率。一个法律完善、政策优惠、指导完备、市场开放、经济活跃的环境是创业的理想环境，而制度不健全、政策壁垒多、经济发展慢、配套资源少的环境则难以产生成功的创业活动。客观环境是一方面，而创业者和潜在创业者对创业环境的认识和评价是另一方面。大学生对于创业环境的认识和评价，是环境对大学生创业产生影响的一个桥梁和中介，影响着大学生的创业积极性和实际行为。因此，了解大学生的创业环境评价，是进一步改善大学生创业环境、改进创业教育的必要前提。

## (一)总体情况

创业环境评价是指大学生对影响创业活动的高校环境、社会环境和政策环境的主观认识和评价。民办高校学生创业环境评价一般,均值为 3.53,在学生创业能力各维度中均值最低。

## (二)差异比较分析

**1. 就读专业层次**

如图 2-5-46 所示,在不同就读专业层次学生的比较中,本科学生(均值为 3.600)的创业环境评价得分比专科学生(均值为 3.479)高。数据表明,民办高校本科学生的创业环境评价好于专科学生。

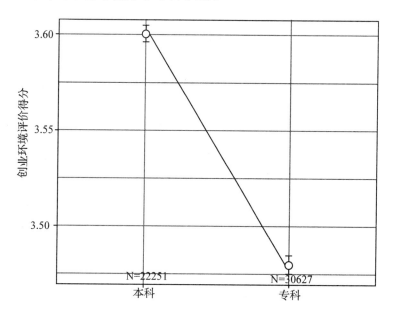

**图 2-5-46　不同就读专业层次学生创业环境评价水平均值图**

**2. 性别**

如图 2-5-47 所示,在不同性别学生的比较中,男生(均值为 3.627)的创业环境评价得分比女生(均值为 3.445)高。数据表明,民办高校男生的创业环境评价好于女生。

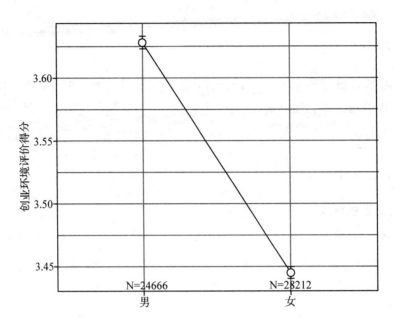

**图 2-5-47　不同性别学生创业环境评价水平均值图**

### 3. 独生子女情况

如图 2-5-48 所示，在独生子女与非独生子女学生的比较中，独生子女学生（均值为 3.575）的创业环境评价得分比非独生子女学生（均值为 3.497）高。**数据表明，民办高校独生子女学生的创业环境评价好于非独生子女学生。**

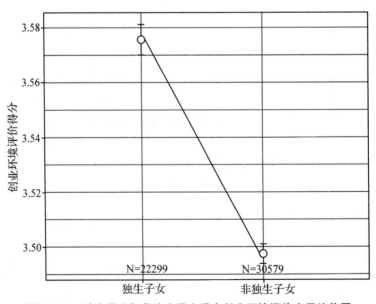

**图 2-5-48　独生子女与非独生子女学生创业环境评价水平均值图**

#### 4. 担任学生干部(社团负责人)情况

如图 2-5-49 所示，在担任与未担任学生干部(社团负责人)学生的比较中，担任学生干部(社团负责人)的学生(均值为 3.633)的创业环境评价得分比未担任学生干部(社团负责人)的学生(均值为 3.456)高。数据表明，民办高校担任学生干部(社团负责人)的学生的创业环境评价好于未担任学生干部(社团负责人)的学生。

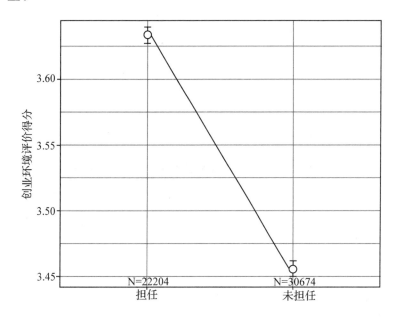

**图 2-5-49　担任与未担任学生干部(社团负责人)学生创业环境评价水平均值图**

#### 5. 兼职情况

如图 2-5-50 所示，在不同兼职情况学生的比较中，有兼职经历学生(均值为 3.600)的创业环境评价得分比无兼职经历学生(均值为 3.490)高。数据表明，民办高校有兼职经历的学生的创业环境评价好于无兼职经历的学生。

#### 6. 学校办学层次(以最高层次为准)

如图 2-5-51 所示，在不同办学层次学校学生的比较中，专科/高职、本科、本科以上学校学生的创业环境评价得分均值分别为 3.486、3.567、3.589，其中本科以上学校学生的创业环境评价得分最高，专科/高职学校学生的得分最低。数据表明，民办高校学生就读学校办学层次越高，其创业环境评价越好。

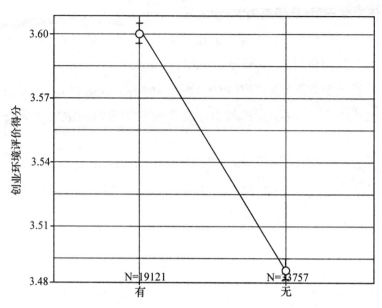

图 2-5-50  不同兼职情况学生创业环境评价水平均值图

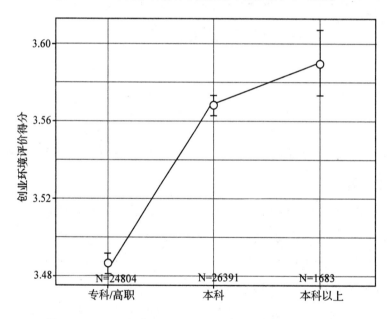

图 2-5-51  不同办学层次学校学生创业环境评价水平均值图

### 7. 年龄

如图 2-5-52 所示，在不同年龄学生的比较中，18 岁及以下、19 岁、20 岁、21 岁、22 岁及以上学生的创业环境评价得分均值分别为 3.403、3.470、3.534、3.591、3.657，其中 22 岁及以上学生的创业环境评价得分最高，18 岁及以下学生的得分最低。数据表明，民办高校学生的创业环境评价随着其年龄的增长而变好。

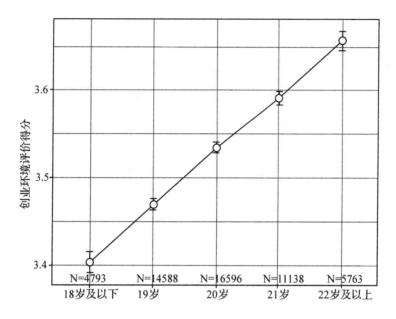

图 2-5-52  不同年龄学生创业环境评价水平均值图

### 8. 年级

如图 2-5-53 所示，在不同年级学生的比较中，大一、大二、大三、大四、

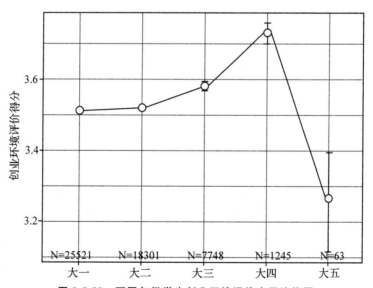

图 2-5-53  不同年级学生创业环境评价水平均值图

大五学生的创业环境评价得分均值分别为 3.516、3.519、3.571、3.729、3.254，其中大四学生的创业环境评价得分最高，大五学生的得分最低。数据表明，民办高校学生的创业环境评价随着就读年级的变化呈现波动发展，在大四时最好，在大五时最差。

### 9. 录取方式

如图 2-5-54 所示，在不同录取方式学生的比较中，被第一志愿、非第一志愿、调剂、其他方式录取的学生的创业环境评价得分均值分别为 3.579、3.442、3.498、3.406，其中被第一志愿录取的学生的创业环境评价得分最高，被其他方式录取的学生的得分最低。数据表明，被第一志愿录取的民办高校学生创业环境评价最好，被其他方式录取的学生创业环境评价最差。

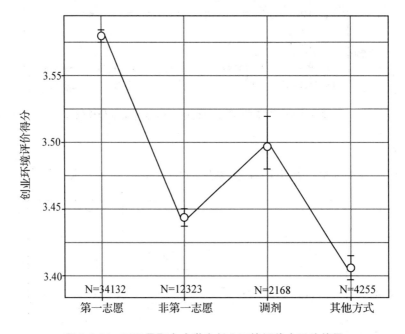

**图 2-5-54　不同录取方式学生创业环境评价水平均值图**

### 10. 专业所属学科

如图 2-5-55 所示，在不同专业所属学科学生的比较中，工学、经济学、管理学、艺术学、法学、教育学、农学、医学、理学、哲学、文学学生的创业环境评价得分均值分别为 3.570、3.500、3.493、3.566、3.618、3.549、3.472、3.474、3.556、3.451、3.442，其中法学学生的创业环境评价得分最高，文学学生的得分最低。数据表明，不同学科的民办高校学生的创业环境评价差异较大，其中法学学生的创业环境评价最好，文学学生的创业环境评价最差。

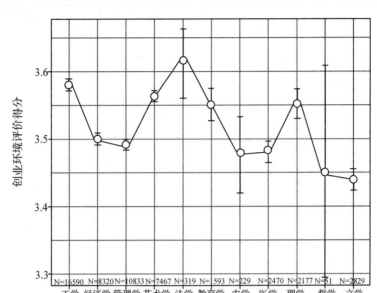

**图 2-5-55 不同专业所属学科学生创业环境评价水平均值图**

### 11. 专业满意度

如图 2-5-56 所示，在不同专业满意度学生的比较中，对就读专业很不满意、不满意、一般、满意、很满意学生的创业环境评价得分均值分别为 3.473、

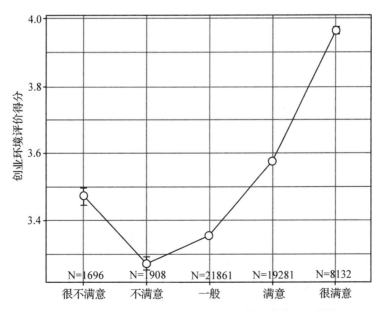

**图 2-5-56 不同专业满意度学生创业环境评价水平均值图**

3.273、3.355、3.575、3.965，其中对就读专业很满意的学生的创业环境评价得分最高，对就读专业不满意的学生的得分最低。数据表明，对就读专业很满意的民办高校学生有较好的创业环境评价，而对就读专业满意度一般和不满意的学生创业环境评价较差。

**12. 家庭所在地**

如图 2-5-57 所示，在不同家庭所在地学生的比较中，直辖市、省会城市、地级市、城镇、农村学生的创业环境评价得分均值分别为 3.644、3.609、3.623、3.538、3.467，其中直辖市家庭学生的创业环境评价得分最高，农村家庭学生的得分最低。数据表明，民办高校学生的创业环境评价与其家庭所在地的行政级别有一定联系。总体上，家庭所在地行政级别越高，学生的创业环境评价越好，但省会城市学生的创业环境评价低于地级市学生。

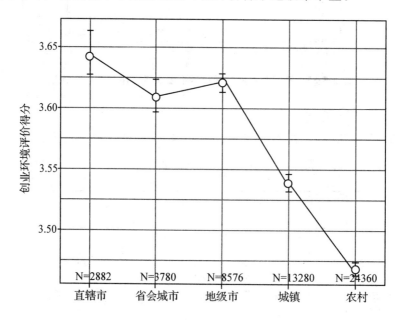

**图 2-5-57 不同家庭所在地学生创业环境评价水平均值图**

**13. 父母最高学历**

如图 2-5-58 所示，在不同父母最高学历学生的比较中，父母最高学历为小学、初中、高中/中专、大专、本科、硕士研究生、博士研究生的学生的创业环境评价得分均值分别为 3.441、3.469、3.579、3.649、3.723、3.680、3.802，其中父母最高学历为博士研究生的学生的创业环境评价得分最高，父母最高学历为小学的学生的得分最低。数据表明，民办高校学生的创业环境评价随着其父母最高学历的提升而提升，但父母最高学历为硕士研究生的学生创业环境评价低于父母最高学历为本科的学生。

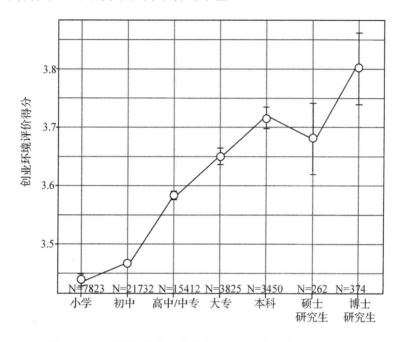

**图 2-5-58　不同父母最高学历学生创业环境评价水平均值图**

### 14. 相对月支出

如图 2-5-59 所示，在不同相对月支出学生的比较中，月支出相对周围同学很少、少、持平、多、很多的学生的创业环境评价得分均值分别为 3.651、3.483、3.521、3.639、3.673，其中月支出相对周围同学很多的学生的创业环境评价得分最高，月支出相对周围同学少的学生的得分最低。数据表明，不同月支出水平的民办高校学生的创业环境评价差异较大，月支出相对周围同学很多和很少的学生的创业环境评价较好，月支出相对周围同学少的学生创业环境评价最差。

### 15. 助学贷款情况

如图 2-5-60 所示，在不同助学贷款情况学生的比较中，无助学贷款、有国家助学贷款、生源地助学贷款、其他形式贷款的学生的创业环境评价得分均值分别为 3.523、3.622、3.516、3.537，其中有国家助学贷款的学生的创业环境评价得分最高，有生源地助学贷款的学生的得分最低。数据表明，不同助学贷

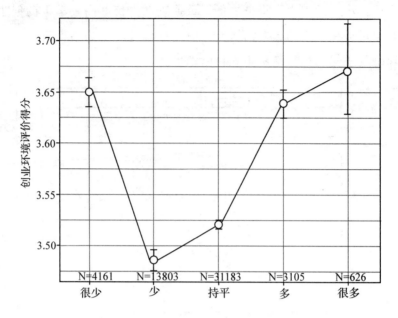

图 2-5-59　不同相对月支出学生创业环境评价水平均值图

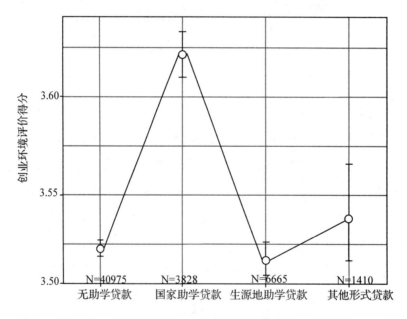

图 2-5-60　不同助学贷款情况学生创业环境评价水平均值图

款情况的民办高校学生的创业环境评价差异较大，有国家助学贷款的学生创业环境评价最好，无助学贷款、有生源地助学贷款和其他形式贷款的学生创业环境评价较差。

## （三）结论

第一，民办高校本科学生的创业环境评价好于专科学生。

第二，民办高校男生的创业环境评价好于女生。

第三，民办高校独生子女学生的创业环境评价好于非独生子女学生。

第四，民办高校担任学生干部（社团负责人）的学生的创业环境评价好于未担任学生干部（社团负责人）的学生。

第五，民办高校有兼职经历的学生的创业环境评价好于无兼职经历的学生。

第六，民办高校学生就读学校办学层次越高，其创业环境评价越好。

第七，民办高校学生的创业环境评价随着其年龄的增长而变好。

第八，民办高校学生的创业环境评价随着就读年级的变化呈现波动发展，在大四时最好，在大五时最差。

第九，被第一志愿录取的民办高校学生创业环境评价最好，被其他方式录取的学生创业环境评价最差。

第十，不同学科的民办高校学生的创业环境评价差异较大，其中法学学生的创业环境评价最好，文学学生的创业环境评价最差。

第十一，对就读专业很满意的民办高校学生有较好的创业环境评价，而对就读专业满意度一般和不满意的学生创业环境评价较差。

第十二，民办高校学生的创业环境评价与其家庭所在地的行政级别有一定联系。总体上，家庭所在地行政级别越高，学生的创业环境评价越好，但省会城市学生的创业环境评价低于地级市学生。

第十三，民办高校学生的创业环境评价随着其父母最高学历的提升而提升，但父母最高学历为硕士研究生的学生创业环境评价低于父母最高学历为本科的学生。

第十四，不同月支出水平的民办高校学生的创业环境评价差异较大，月支出相对周围同学很多和很少的学生的创业环境评价较好，月支出相对周围同学少的学生创业环境评价最差。

第十五，不同助学贷款情况的民办高校学生的创业环境评价差异较大，有国家助学贷款的学生创业环境评价最好，无助学贷款、有生源地助学贷款和其他形式贷款的学生创业环境评价较差。

# 第三部分

## 2016 年民办教育研究趋势与动向

### 国内研究趋势

一、瓶颈与发展

二、治理与扶持

三、分类与实施

四、法人与产权

五、教师与学生

### 国际研究动向

一、改革政策

二、教育公平

三、学生发展

四、教师发展

五、教育质量

# 第六章　国内研究趋势

**内容提要**

本章通过梳理国内民办教育研究相关文献发现，现有研究涉及民办教育面临的困境和发展瓶颈、外部治理和政策扶持、内部治理和监督制衡、分类管理政策和实施、法人属性与产权属性、教师权益保障和师资队伍建设、人才培养和学生权益保障等。

目前，我国民办教育事业发展迅速，逐步形成了多层次、全方位、宽领域的崭新格局，在"增加教育供给、改善教育公平、提高教育效率、扩张教育自由、减缓就业压力、推动教育创新"等方面为我国教育发展做出了重要贡献。与此同时，由于我国教育体系庞大、教育成本分担主体单一以及局部政策存在体制性障碍等原因，民办教育发展也面临着一些难题，社会力量办教育的办学环境、鼓励措施、管理服务、监管机制仍存在不配套、不到位、不健全的现象。

【知识图谱分析】

**1. 基本情况**

在中国知网（CNKI）中，以"民办教育""民办学校""民办高等教育""民办高校""社会力量办学""私立教育""私立学校""民办院校"为关键词，"篇名"为字段，逻辑词"或者"连接，选择核心期刊（北大核心），进行高级检索，共选取文献 1524 篇，运用中国知网自带计量可视化分析和知识图谱软件 CiteSpace 对文献进行分析。

如图 3-6-1 所示，通过发表年度趋势分析发现，改革开放后，民办教育领域的论文出现；1993 年开始，论文数量有较大提升；1998 年之后，民办教育相关论文数量陡升；2005 年到 2008 年，论文数量保持在高位；2009 年回落至 2005 年之前的水平。

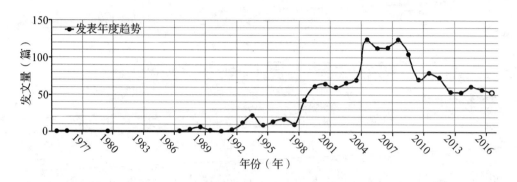

**图 3-6-1 1977 年以来民办教育相关主题总体发文趋势图**

### 2. 研究热点与趋势

通过 CiteSpace 的关键词共现分析，对 1993 年以来民办教育领域的论文进行计量可视化分析并绘制知识图谱，结果如表 3-6-1、图 3-6-2 所示，由频次可见，民办教育研究的重心是民办高校、民办高等教育，其中，举办者、教育质量、教育改革、分类管理、办学行为等是研究的热点所在。就中心性而言，举办者是除民办高校外中心性最高的，这是由于民办学校的私有性质使得举办者的行为对民办高校的影响很大，因此，对其权力制约、权益保障等的研究较多。此外，教育质量、教育改革是民办教育研究一个持久的关注点，具有较高的中心性。

**表 3-6-1 1993 年以来民办教育领域论文统计表**

| 序号 | 频次 | 中心性 | 关键词 | 序号 | 频次 | 中心性 | 关键词 |
|---|---|---|---|---|---|---|---|
| 1 | 382 | 0.36 | 民办高校 | 6 | 34 | 0.10 | 教育改革 |
| 2 | 137 | 0.11 | 民办高等教育 | 7 | 27 | 0.07 | 办学行为 |
| 3 | 78 | 0.16 | 举办者 | 8 | 24 | 0.07 | 财政资助 |
| 4 | 49 | 0.13 | 教育质量 | 9 | 22 | 0.01 | 非营利性 |
| 5 | 42 | 0.02 | 分类管理 | 10 | 18 | 0.05 | 办学自主权 |

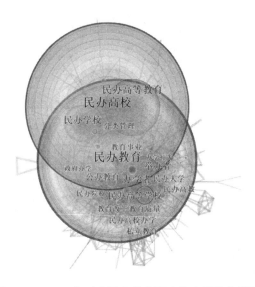

**图 3-6-2 1993 年以来民办教育研究热点图谱分析图**

就 2016 年的文献进行知识图谱分析，如图 3-6-3 所示，分类管理是 2016 年学术界民办教育研究的高频词汇。2016 年新修订的《中华人民共和国民办教育促进法》，其核心就在分类管理，因此，在其修订前后，学术界就其进行了深入的探讨。由于我国民办教育研究政策导向明显，2017 年之后，民办教育研究的热点将聚焦于分类管理政策实施情况的研究。

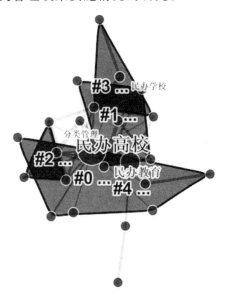

**图 3-6-3 2016 年民办教育研究热点图谱分析图**

对近年来我国民办教育研究情况进行概括总结，有助于积累经验教训、正视问题，在此基础上开创民办教育事业新局面。下面拟从民办教育瓶颈问题和发展战略研究、民办教育外部治理和政策扶持研究、民办学校内部治理和监督制衡研究、民办学校分类管理政策和实施研究、民办学校法人属性与产权属性研究、民办学校教师权益保障和师资队伍建设研究、民办学校人才培养和学生权益保障研究七个方面分别展开论述。

# 一、民办教育发展瓶颈和发展战略研究

改革开放以来，我国民办教育虽然取得了巨大成就，诞生了一批有特色、高质量的民办学校，但从总体来看，民办教育的整体质量还有待提高。在市场经济条件下，民办教育领域同其他领域一样，没有高质量就没有广阔的市场，也就无法拓展自身生存的空间。只有把自身的管理和教学做好，才能为自身发展创造一个良好的内部环境，同时促进外部环境向更积极的方向发展。这一点已经成为共识。

## （一）民办教育发展瓶颈研究

我国民办教育发展还面临着诸多困境，生源剧减背景下不公平竞争导致的生存空间日益缩小的问题、教师流动频繁与教学质量长期难以改观的问题、财力支撑单一与多方融资有限导致发展资金不足的问题、模糊的身份定性使教育投资者谋求长远发展的信心不足的问题，都迫切需要政府、学校与社会各方面通力合作，加强对民办教育的瓶颈问题研究。基于问题剖析的视角来看，从宏观层面分析，民办学校生源数量萎缩与质量下降、转型期市场经济不健全、社会传统观念的束缚，成为制约民办学校发展的社会环境影响因素；从中观层面分析，政策制定存在缺陷、政策执行不力，成为制约民办学校办学水平提升的制度性因素；从微观层面分析，民办学校的逐利性动机和理念、法人治理结构不完善、管理人员素质不高，成为制约民办学校办学水平提升的自身原因。

新常态下民办学校发展亟须突破六个发展瓶颈。一是法人属性不清，相关部门对民办学校的管理和支持缺乏政策依据；二是产权归属不明，导致投资方资产属性模糊、资金进出不畅、合理回报制度难以落实；三是办学自主权扩大和落实不到位，导致民办学校活力不足、办学特色不鲜明、可持续发展受到限制；① 四是法人治理结构不健全，导致民办学校内部权力机构、决策机构、监督机构和执行机构存在漏洞；五是办学经费不足，导致民办学校基本设施投入缺口增大，师资培训经费欠缺，教学质量提升受限；六是教师合法权益保障不够，社会地位不高、身份编制不明、待遇保障不足、队伍稳定性不够、组织认同感不强。

## (二)民办教育发展战略研究

尽管民办教育发展的外部环境中尚存在许多不尽如人意之处，但民办教育发展的关键无疑取决于内部因素。在目前的竞争环境下，为民办学校所独有、难以被公办学校等竞争对手模仿的东西还不多，唯有民办体制，以其灵活、高效的管理为公办学校所望尘莫及。因此，探寻异质竞争力生成的有效途径已经成为当前民办学校的研究重点。其中，坚实的资源保障机制、科学的管理合力机制、效益至上的经营机制、敏捷的市场反应机制、严格的质量保障机制、完善的服务供给机制和持续的创新机制是民办学校形成核心竞争力的必要条件，也是民办机制在核心竞争力形成过程中的具体表现。我国民办学校应执持于差异化视角，妥善运用后发优势，确立科学合理的发展模式和路径，形成内涵特色。

民办教育战略转型应重视五个方面：一是增强民办学校的质量意识、责任意识、竞争意识和危机意识，从"逐利、浮躁、投机性"积极向"公益、务实、可持续"转变；二是充分发挥贴近市场办学的优势，更加关注专业结构的调整和办学特色的凝练，积极由"综合性、学术型、同质化"的定位向"地方性、应用型、特色化"转变；三是停止粗放式的规模扩张，把发展重点从过去的"数量＋规模"转向现在的"质量＋内涵"，积极由"外延式、粗放化"向"内涵式、集约化"转变；四是强化灵活的办学机制，用市场的需求倒逼办学模式改革创新，积极由"投资驱动、资源驱动"向"改革驱动、创新驱动"转变；五是把理顺内部关系、完善内部管理体制和运行机制、激发各利益相关者的积极性作为重中之

---

① 徐绪卿：《新常态下民办高校发展的着力点》，载《中国高教研究》，2016(02)。

重，力促内部治理由"集权管理"向"依法治校"转变。①

# 二、民办教育外部治理和政策扶持研究

管理制度建设是民办学校发展中的薄弱环节，当前的问题主要在于民办学校"是什么"的法人属性不清、民办学校"归谁所有"的产权制度不明、举办者和利益相关者"做什么"的权责利关系不顺以及政府"管什么"的角色定位不细。未来迫切需要突破管理结构、政策扶持等政策瓶颈，建立一套有利于民办教育健康发展的有效运行机制。

## (一)民办教育外部治理研究

在分类管理的框架下，我国民办教育政策正从"规范"向"扶持"转型，民办教育政策文本得以不断充实与完善，政策价值取向实现宏观国家价值与微观自身价值的融合，政策基调实现"合法—限制—规范—扶持"的良好转型，政策内容赋予和加强了民办教育的合法性，政策实施引导和规范了民办教育实践。但与此同时，政策发展也存在一些问题，政策内容不明确、政策主体中政府角色定位不恰当、政策执行效果不理想和政策模型转变缓慢等。未来迫切需要从法律政策法规上营造民办教育发展的良好环境，优化政府治理方式。一是要完善外部制度建构，明晰民办学校的法人属性和法人财产权，建立有效的激励机制和立体的监管机制；二是消除民办学校教师权益保障的法律障碍，清理和纠正教育、财政、税收、金融、土地、建设、社会保障等方面不利于民办教育发展的各类歧视性政策；三是健全国家层面民办教育改革综合协调机制，建立由国务院各有关部委参与的全国民办教育改革综合协调机制。

优化民办教育外部治理需要遵循公共教育政策均衡性、制度竞争环境公平性、资源配置制度效率性、内部运行制度激励性等一系列原则。对政府来说，要实现角色转变，从既"掌舵"又"划桨"转变为"掌舵"，从以往的"命令型"管理模式转变为"服务型"管理模式。通过框定管理边界、降低管理成本、转变管理方式、提高管理效率，实现从政策治校到依法治校、从直接干预到间接调控，

---

① 田立强：《关于民办高校战略路径的新思考》，载《国家教育行政学院学报》，2016(10)。

充分尊重学校的办学自主权,实现从"全能"走向"有限"、从"权利"走向"责任"、从"利益"走向"中立"、从"划桨"走向"掌舵"这四个方面的转变;通过立法、规范中介组织、政策引导、提供资助、监管督导和信息服务等手段,引导民办教育发展。这包括对民办教育的管理模式应当推进行政审批制度改革,打破行政垄断;积极推进民办教育改革,明晰民办学校产权,鼓励办学主体多元化;理顺政府与学校的有关法律关系,完善依法行政的民办教育管理体制;完善民办学校法人治理结构,建立和规范各种教育中介组织。

## (二)民办教育政策扶持研究

政府对民办教育进行相关配套支持并非只是一个简单的是非判断问题,而是直接反映出了政府对民办教育的观念态度。政府对民办学校进行相应的扶持,特别是对民办学校进行公共财政资助,意味着国家对民办教育承担了应有的责任,同时也说明国家是站在整个教育发展战略的高度一视同仁地对待公办教育和民办教育发展的。当前,尽管政府对民办学校的扶持政策已经获得了充分的重视,但依然有一些问题未得到有效解决,这使得民办学校面临不公平的竞争环境,主要表现在:一是我国现行法律法规没有对民办教育应享受的优惠政策进行明确界定,政府资助政策很少涉及财政支持方式、具体实施办法等关键问题;二是相关法律法规的制定存在冲突,实践中对民办学校扶持政策很难落实到位,或地方政府虽然落实扶持措施,但在实际运作过程中又限制过多,致使民办学校难以自主办学、自我发展;三是针对不同类型民办学校资助政策的区分度不够,并未针对营利性和非营利性两类民办学校予以不同的政府补贴政策。① 例如,法人属性模糊,无法享受事业单位的税收优惠政策;税收优惠政策难以落实,无法享受与公办教育同等的待遇。

完善民办学校扶持资助制度,需要政府从立法到实践、从宏观到微观、从理念到行动、从中央到地方的全方位努力。我国亟须参照国外经验,以优惠政策为杠杆撬动民办学校持续健康发展。一是做好民办学校财政资助顶层设计,在法律层面明确、厘清中央政府和地方政府在支持民办学校发展中的权责归属,细化民办学校财政资助的目标、对象、条件、途径方式、监管办法等;二

---

① 吴华:《新法实施的担忧与期待》,载《教育与经济》,2016(06)。

是有的放矢地制定扶持政策，最大限度地引导和保障公益性；三是支持规范民办教育发展，鼓励社会力量和民间资本提供多样化教育服务；① 四是以健全学生奖助制度为突破口，完善财政资助体系，顺应国际将私立学校学生纳入无差别学生资助体系的潮流；五是以明晰、落实税收优惠政策为着力点，释放税收优惠在降低民办学校办学成本、鼓励社会资本涌入教育领域的潜力；② 六是以地方民办学校发展专项基金为增长点，逐步提高财政拨款在民办学校经费总收入中的比重，促进民办学校经费多元化。

# 三、民办学校内部治理和监督制衡研究

改革开放以来，民办教育经过近四十年的发展取得了令人瞩目的成绩，初步形成了良好的发展格局，在教育转型过程中发挥着重要的作用。然而民办教育在快速发展的同时，也存在着诸多不容忽视的问题，如产权不清晰、法人治理结构不完善、教育管理不规范、教育质量不高、教育特色不明显等。③ 建立现代学校管理制度，努力提高学校办学质量和社会声誉，完善法人治理结构，深化内部管理体制改革，是当前民办教育改革的重要内容之一。

## (一)民办学校内部治理研究

随着国际上共同治理理念的流行，内部治理将成为民办学校改革的核心领域。民办学校应系统完善民办学校内部控制制度，逐渐摆脱个人治理、家族治理而走向共同治理。民办教育的管理应有别于公办教育的管理，民办教育管理的目标是建立自我办学、自我管理、自我制约和自我发展的管理机制。需要说明的是，内部治理改革并没有一种固定模式可以适用于所有学校，必须具体问题具体解决，对行业和学校进行合理分类、分别处置，并坚持让实践检验各种

---

① 阎凤桥：《我国民办教育格局会因修法而得到怎样的改变》，载《教育与经济》，2016(06)。

② 王华、王一涛、王德清：《民办高校举办者权利的嬗变及回归》，载《高教探索》，2016(11)。

③ 王强：《民办高校法人治理结构中存在的问题研究》，载《江西科技师范学院学报》，2016(04)。

改革尝试，避免发生脱轨失序现象。

我国民办学校要主动构建有利于鼓励多种社会力量以多种形式参与办学的利益驱动机制，鼓励不同模式类型学校公平发展的竞争机制，满足家庭对多元文化和社会对多类型、多规格人才的需求机制以及便于政务、校务、财务公开和主动接受社会舆论监督的制约机制。通过建立纵向的民主决策层次体系、横向的决策权分配体系，延伸至社会的决策咨询机制，推动民办学校决策的民主化和科学化。这包括健全股东会制度，规范和健全股东会制度；通过董事来源多元化提高董事会决策的科学化，探索建立独立董事制度；发挥监事会作用，强化监事会对公司经营者的监督。

## (二)民办学校监督制衡研究

监督制衡机制建设是民办教育发展中的薄弱环节。在学校内部治理与权力制衡关系方面，民办学校内部缺乏有效的制衡关系，极易造成权力集中现象，因此，建立一套有利于民办教育健康发展的有效监督机制至关重要。民办学校权力运行中的出资人或举办者控制、以校长为核心的管理团队职权不明晰、缺少利益相关者参与及内外监督机制缺失等法人治理结构上的突出问题，使得民办学校陷入了家族化治理、校长权力集中化、董事会权力过于膨胀、内部权力冲突频现、缺少共治动力及存在监管盲区，深刻制约着我国民办学校的健康发展。未来迫切需要突破法人属性、产权制度、举办者权益及政府监管等政策瓶颈。

解决的措施在于：一是完善理(董)事会决策机制；二是健全监事会等内部监督制约机制；三是发挥党组织的政治核心和监督保障作用；四是重视学校章程的规范作用；五是明确校长负责制及校长管理团队建设；六是发挥学术权力的关键作用；七是建立利益相关者共同治理机制。具体而言，民办学校转制过程应该进行严格的全程管理，严格履行内部决策程序和审批程序；做好清产核资、财务审计和资产评估，并以评估值作为转让价格的参考依据；坚持产权转让进入市场并公开披露有关转让信息，杜绝暗箱操作；及时进行转让鉴证和产权变更登记，做好转让收益管理；建立民办学校资产监督与管理制度，做好监管工作，强化民办教育机构的风险防范意识和风险化解能力。

# 四、民办学校分类管理政策和实施研究

分类管理是针对以往的模糊框架下民办学校既难以享受各类优惠政策支持，也不能合法合规地获得经济收益的困境，突破长期制约民办教育发展制度瓶颈的根本措施。然而，在什么范围以及怎样有序放开营利性学校的办学领域，以期既在法律限度内为民间资金参与举办教育提供保障和激励，又尽可能引导提供多样化的公益性教育产品和服务，是民办教育分类管理和健康发展中需优先探讨的课题。[①]

## (一)民办学校分类管理的政策研究

实行民办学校分类管理，既能有针对性地制定政府扶持政策，避免"搭便车"现象，最大限度地保障民办教育的公益；又能从法律层面明确营利性民办学校的法律地位，完善相应的办法，依法保障和规范获取合理回报的行为；同时还能使潜在的捐赠者和出资者打消顾虑，激发他们为教育捐资和投资的积极性。[②] 分类管理要坚持多元性取向，允许营利性与非营利性民办学校和谐共存；坚持公益性取向，重点发展非营利性民办学校；坚持公平性取向，为两类民办学校采取有针对性的管理措施。[③] 在合理划分营利性与非营利性民办学校的基础上，积极完善分类登记制度，将非营利性民办学校同公办学校一样登记为事业单位法人，将营利性民办学校登记为企业法人，[④] 并基于整体扶持与区别对待相结合的原则跟进配套政策。

民办学校分类管理要按照"责权对等原则"为营利性与非营利性两类性质不同的民办学校建立相应的准入制度、产权制度、法人治理制度、资产财务制度、资助优惠制度、信息披露制度、保障制度、评估制度等，分别对两类不同

---

① 周海涛、李虔、张墨涵：《放开营利性学校办学领域的取向与策略探析》，载《教育与经济》，2016(01)。

② 钟秉林：《民办学校分类管理正当其时》，载《光明日报》，2016-11-15。

③ 别敦荣、王严淞：《2016年中国高等教育研究述评》，载《高校教育管理》，2017(02)。

④ 周海涛：《有序推进民办学校分类管理改革》，载《教育经济评论》，2016(02)。

性质的民办学校进行监管，以维护民办教育市场公平竞争的秩序。[①] 一是要分类扶持，遵循"共同而有区别"原则。"共同"即客体属性不会随教育组织类型的改变而改变，在任何教育组织内都应同等对待；"有区别"即客体属性在不同教育组织内会产生差异，在可享有的扶持政策上也应加以区分。二是要区分对象，实行"责权对等"原则。建立相应的准入制度、产权制度、法人治理制度、资产财务制度、资助优惠制度、信息披露制度、保障制度、评估制度等。[②]

## (二)民办学校分类管理的实施研究

我国民办教育本身的复杂性、多样性、诉求多元化特点，加之分类管理改革本来涉及理论探索、制度设计、法律修订、社会环境营造等诸多因素，决定了分类管理改革势必遇到各种各样的难题。推进分类管理需要在营造市场化环境、赋予学校最大话语权、降低政策普惠门槛、织就规范运行防护网等重点环节着力，并在类别精细化与管理规范化上做好文章。一是要根据修订后的相关法律的基本原则和主要内容，尽快明确营利性和非营利性学校的划分标准，并有针对性地从财政、税收、土地、收费、招生、贷款、社会保险等方面制定配套政策，使政策真正落地；二是要基于各地民办教育发展阶段和环境的差异，分地区制定分类管理平稳过渡的方案和实施细则；三是要保障不同利益相关者的合法权益，对举办者的合理诉求做出适当安排，确保营利性和非营利性两类民办学校的师生与同级同类公办学校的师生享有平等待遇；四是要形成改革合力，推进民办学校坚持依法自主办学，优化内部治理结构，集中精力抓好内涵建设。[③]

同时，推进分类管理也可能面临阻力和风险，需要加以预防：一是民办学校举办者缺乏共识，分类管理可能会遇到来自部分举办者的阻力，或导致少数举办者撤资，致使民办教育规模萎缩或局部不稳定；二是制定和完善配套制度的准备还不充分，如果不能对既有制度进行协调改革并有所突破，则分类指导

---

① 方芳：《分类财政扶持营利性和非营利性民办高校的问题研究》，载《教育与经济》，2016(02)。

② 周朝成：《促进民办教育的可持续发展——谈〈民办教育促进法〉修订中的分类管理问题》，载《复旦教育论坛》，2016(03)。

③ 钟秉林：《民办学校分类管理正当其时》，载《光明日报》，2016-11-15。

的改革思路有可能落空。因此，民办教育分类管理应该坚持四个原则：一是不能简单照搬西方经验，我国民办教育不像西方发达国家是捐资办学，在进行分类管理制度设计时应该考虑保护投资者的积极性和合法权益，切忌简单将私产变公产；二是政策制定应该面向大多数，我国民办教育极少有纯营利性或纯非营利性的，在进行分类管理政策设计时，应该着眼于大多数，尤其是对非营利性学校应该有所细分；三是政策应该考虑差异性，在进行民办教育顶层制度设计时，切忌一刀切、大一统，宜坚持"老人老办法、新人新办法"，可以让地方大胆探索，先实验试点然后逐步推广；四是要尊重举办者意愿，给予其办学选择性，选择营利性抑或非营利性应该是基于民办学校办学主体的自主选择，不能要求投资方强行选择营利性或非营利性，影响投资者的积极性；① 五是要统筹考虑、密切联动、深度融合，打破各自为政的局面，部门地方通力配合，把分类管理改革工作落细、落深、落实。

# 五、民办学校法人属性与产权属性研究

《中华人民共和国民办教育促进法》虽然对民办教育的存在形式、地位等问题做了详尽的法律界定，但是尚未明确民办教育的法人属性，我国相关的法律法规对该问题也没有做出较为一致、明确的解释。这就导致出现了一些深层次的问题，如民办学校法人登记的相关法律制度不完善，非法人主体办学问题屡禁不止；民办学校法人财产权法律关系中的主体地位和权能内容不明确，学校利益相关者权益得不到充分保障。因此，妥善落实民办学校法人财产权，建立健全完善的法人治理结构，促进民办教育健康发展，是教育行政主管部门和民办学校自身所面临的共同任务。

## (一)民办学校法人属性研究

学校法人分类问题始终是我国学术界悬而未决的难题，民办院校则成为该问题的集中爆发区。民办学校法人属性界定不清这一根本问题，是造成公办学校和民办学校两者在法规、政策及事实上诸多不平等的逻辑起点。从民办教育

---

① 胡卫：《修法促进民办教育深层变革》，载《团结报》，2016-02-02。

领域看，一些深层次问题又不断涌现，营利性和非营利性法人内部是否要把"教育类"和"非教育类"法人单列？细化各类法人的主要依据是什么？后续登记办法如何持续跟进？这都是当前教育界热议的话题，也是不同类型民办学校的主要关切和核心诉求所在。[①]

我国民办学校在多数地方常以"民办非企业"这一"似驴非驴、似马非马"的尴尬角色存在，这使得同样性质的民办教育主体在不同地方、不同部门间经常性地遭遇区别性甚至歧视性的对待。"民办非企业法人"这种长期错位的定性已不断地直接或间接地积累了相当多的矛盾和问题，致使民办学校一度在发展上举步维艰。一是虽然名义上是"民办非企业单位"，而在现实中则往往被当作企业对待；二是法人属性不清导致教师身份不明、待遇不公，影响了师资队伍建设；三是产权制度缺损，制约了更多社会资源转化为教育资源；四是对举办主体规定模糊，造成行政管理上的混乱。从立法和行政规制上对民办学校实施分类管理，是从源头上破解我国民办学校法人属性不清、相关政策难以落实的根本举措。[②]

## (二)民办学校产权属性研究

民办学校产权问题是近年来民办教育研究中的一个核心问题，产权不清的问题一直困扰着民办学校的发展。产权归属不明、性质不清、关系混乱，必然造成民办学校资产的流失，挫伤办学者的积极性，不利于教育质量的整体提高。此外，产权问题也会影响很多其他问题的解决，如"合理回报"和"税收优惠"、学校与政府的关系、学校的营利性与公益性冲突、民办学校资本筹集等问题。我国对民办教育的法人和产权属性尚未做出明确规定，相关的法律法规对该问题也没有做出较为一致、明确的解释。一是有关产权方面的法律法规部分条款相互抵触；二是民办学校财产纠纷渐多，举办者或出资人与学校资产属性亟待法律厘清；三是民办学校内部管理缺乏有效的权力制衡机制，教育行政

---

① 周海涛、闫丽雯：《我国民办教育发展的动向和思考》，载《教育发展研究》，2016(17)。
② 董圣足：《"分类管理"，破解民办教育发展难题》，载《人民教育》，2016，(23)。

部门等对民办学校的监管不到位；① 四是民办学校筹融资渠道不畅，产权流转运作制度不完备。建立健全完善的法律法规、妥善落实民办学校法人财产权，是当前和今后一个时期教育行政主管部门和民办学校自身所面临的共同任务。

改进和完善民办学校产权管理需要坚持公益导向，尊重合理诉求，健全产权管理体系，加强制度保障建设。在充分考虑民办学校的办学实际和历史遗留问题的前提下，产权制度应当符合"界定产权合理、产权关系明晰、产权管理体系健全、制度环境建设完善"等制度特征。其中，公益性价值导向下尊重产权主体的合理诉求是产权管理法律法规的基础；完善协调性法律法规体系是产权管理法律法规的核心；制定针对性配套政策是产权管理法律法规的保障。② 一要实行"新校新办法、老校老办法"的产权界定总原则；二要明确过渡时期非营利性民办学校举办者的权利义务；三要完善非营利性民办学校的治理结构，加强产权方面的监管；四要明确学校终止清算后剩余财产的最终归属；五要创设非营利性民办学校发展的制度环境。

# 六、民办学校教师权益保障和师资队伍建设研究

在民办教育领域，落实民办学校教师与公办学校教师的同等法律地位、构建民办学校教师的权益保障机制、稳定民办学校教师队伍，一直是民办学校发展的重中之重。民办学校出于自身建校时间短和教学资源紧缺等消极原因，对滞后的教学管理理念、不合理的教学管理队伍结构、不稳定的教学队伍、有限的培训进修机会、不完善的教学管理制度等内容缺乏关注，如不加以优化，就会制约民办学校提高教学质量和培养人才目标的实现。

## (一)民办学校教师权益保障研究

优良的教师队伍是学校发展的基础，是保证教学质量的关键。当前，我国民办教育已成为教育事业发展的重要组成部分，教师队伍建设和合法权益保障

---

① 刘侠：《民办高校产权管理法律法规的现状、实践与建议》，载《北方工业大学学报》，2016(04)。

② 赵海峰：《民办高校"股份制－双法人"治理模式研究》，载《中国高教研究》，2016(09)。

是促进民办学校健康发展的重要任务。[①] 从民办教育发展现状看，部分民办学校教师队伍建设领域的矛盾集中凸显，教师合法权益问题未能得到及时有效解决，有的甚至进一步激化，影响了民办学校教学质量的提升和可持续发展。我国民办学校教师权益实现过程中的问题有社会地位不高、身份编制不明、待遇保障不足、职称评定困难、参与学校民主管理受限，并存在观念歧视、体制排挤、政策夹击、权利侵害、权益难保障等问题。

在制度层面上，民办学校要自觉履行法人义务，完善民办学校教师的社会保障制度，缩小民办学校教师与公办学校教师各方面的差距；在管理层面上，要尊重、关注教师发展，保障教师教育教学、进修培训、带薪休假等各方面的合法权益；在个人层面上，以多样化的激励手段，满足教师不同层面的需求，提高教师自身的职业认同感。具体而言，地方政府可以采取购买服务的方式，扶持优秀民办学校提高教师待遇；设立地方民办教育发展基金，优先用于非营利性民办学校教师待遇保障；探索建立非营利性民办学校教师人事代理制度和交流制度，促进教师合理流动；取消对民办学校教师已有的歧视性政策，民办学校教师在资格认定、职务评聘、培养培训、评优表彰等方面与同级同类公办学校教师拥有同等权利；鼓励全面提升教师的师德素养和业务能力，学校应在学费收入中安排一定比例资金用于教师培训。

## (二)民办学校师资队伍建设研究

民办学校出于自身建校时间短和教学资源紧缺等消极原因，为了加速发展，往往将精力和资源集中在建设基础设施和引进高学历人才上，而对于师资队伍建设缺乏关注，导致高层次人才比例低、教师结构不平衡、教师培训机会少、教师单向流动。民办学校教师队伍普遍存在结构不合理、队伍稳定性差、专业教师梯队断层、缺少专业带头人等问题，导致无法形成合理的教师梯队。

师资队伍建设的现实，要求民办学校为教师尤其是专任专职教师创造更大的成长空间，需要在学校教师专业发展的视域下不断地探索和创新。一方面要通过政府层面的制度创新，落实政策支持：一是全面清理针对民办高等教育的

---

[①] 金成、王华：《经济回报、权力获得与自我实现——我国民办高校举办者办学动机探究》，载《教育发展研究》，2016(21)。

各种歧视政策；二是保证民办学校教师与公办学校教师具有平等的法律地位；三是建立合理的民办高等教育财政资助体系；四是建立政府对民办学校教师成本的分担机制。另一方面要通过民办学校层面的组织文化与制度建设加强内源动力：一是明确队伍建设目标，引导队伍建设方向；二是规范选聘标准与选聘流程，严把教师入口关；三是完善人才引进政策，增强人才吸引力；四是强化教师培训培养，持续提高师资水平；五是建立职位管理与绩效评估体系，加强教师发展引导。

# 七、民办学校人才培养和学生权益保障研究

人才培养质量是衡量学校办学水平和质量的首要指标，也是一所学校在社会得以立足和发展的生命线。作为我国教育系统重要组成部分的民办学校，同样肩负着提高我国教育质量的重任。民办学校尽管存在诸多劣势，但与公办学校相比，在办学体制上具有较大的优势。民办学校的管理体制和运行机制比公办学校更灵活，在专业设置和学科设置上拥有较大的自主权，可以根据培养目标进行相应的调整。

## （一）民办学校人才培养研究

当前，民办学校人才培养方面存在的问题包括：对人才培养规格的研究还不够，表述表达过于笼统；不少民办学校热衷于"照搬"公办学校的办学与人才培养模式，无视自己师资水平与办学条件较低的现实；现有课程体系较多沿用了学术性重点学校的课程体系，缺少系统性综合训练；在培养途径、教学模式、培养方法等方面，基本套用老学校的模式，未能构建以能力为导向的学习评价体系；校内外实践教学资源不能满足应用型人才培养需求等问题。未来应通过构建多主体参与的人才培养模式、建立多层次动态化的项目课程体系、进行多样化的人才培养过程设计、构建多元化的人才培养质量评价机制等举措，进一步提高人才培养质量。

民办学校在遵循人才培养普遍性规律的基础上，应根据自身定位和民办学校特点构建人才培养模式，并应遵循效率性、适应性、多样性、兼容性、阶段性、灵活性、创新性、发展性等基本原则。民办学校人才培养应注重知识、能

力、素质协调发展，学习、实践和职业技术能力相结合，走"应用性、职业型、开放式"的路子。以社会需求为导向，以培养模式为核心，以知识应用为远景，以创新能力为目标，注重通识教育，培养学生能力，以此开创一条独具特色的办学道路。

## (二)民办学校学生权益保障研究

我国民办学校学生存在资助政策、评奖评优方面的权益保障缺失的问题，并存在观念歧视、政策夹击、权利侵害等问题。一是学生资助政策在遵循公共财政的公益性、公平性的运行规则方面略显不足，非营利性民办学校学生无法享受与公办学校学生同等额度的助学贷款、奖助学金等国家资助政策；二是社会上直接或变相歧视仍是民办学校学生就业创业的重要壁垒，部分地方对民办学校学生的文凭和学历存在歧视；三是民办学校学生的心理健康状况和学习状况有待改善。从国家已经颁布的教育法律看，《中华人民共和国民办教育促进法》及其《实施条例》对民办学校学生的合法权益做了简要的、提纲挈领式的法律规定。但现行教育立法对保障民办学校学生权益的规范还只停留在原则性表述的层面上，相关规定较为粗糙而模糊，使得民办学校学生权益的维护在实践中遭遇了诸多难以化解的问题。

改进民办学校学生权益保障应加强六方面的工作：一是加快配套法规建设和地方立法进程，构建民办学校学生权益的法律保障机制，使民办学校学生在入学、升学、转学、学籍、学习、表彰及国家经费补助等方面享受与公办学校学生同等待遇；二是积极推进教育行政执法与监督，构建有利于民办学校学生权益保障的行政监管机制，确保政府颁布的各项政策在民办学校得以落实；三是建立并推行民办学校风险保证金制度，构建民办学校学生权益保障的风险防范机制；四是给民办学校以普遍的公共财政资助，构建有利于民办学校学生权益保障的政府资助机制；五是切实履行民办学校的法定职责，构建民办学校学生合法权益保障的校方保障机制；六是唤醒权益意识以增强维权观念，构建民办学校学生合法权益保障的自我保障机制。①

---

① 尹晓敏：《构建民办学校学生合法权益的保障机制》，载《浙江树人大学学报（人文社会科学版）》，2009(01)。

# 第七章　国际研究动向

**内容提要**

　　本章通过梳理国际私立教育相关文献发现，现有研究涉及政府教育改革和政府扶持对私立教育发展的影响；私立教育对教育公平的影响，包括促进作用和负面影响。学生发展与教师发展仍然是研究的重点，对私立学校学生发展的研究较为具体，主要集中在学生行为习惯、心理发展和学业成绩等方面，并且部分研究对公立和私立学校学生发展水平进行了对比分析；对私立学校教师发展的研究主要集中在教师队伍建设、能力素质、专业发展等方面。此外，私立学校教育质量的研究越来越成为研究的关注点。

　　随着教育市场的发展以及各国教育改革的持续深入，国际范围内私立教育规模不断壮大，发展速度日益加快，引发了各国学者的关注。虽然各国政府对私立教育的态度以及私立教育发展状况不尽相同，但是通过梳理 2016 年的文献发现，政府私立教育发展政策、私立教育对教育公平的影响、私立学校师生发展、私立学校教育质量是各国学者关注的重点。

　　**【知识图谱分析】**

　　**1. 基本情况**

　　在 Web of Science 中，选择 Web of Science Core Collection，以"private education""private school""private higher education""private universities"为关键词，"Title"为字段，逻辑词"OR"连接，进行检索，对检索到的文献选择"Article"文献类型，并去除匿名作者的论文，共选取文献 1615 篇，运用 CiteSpace 进行知识图谱分析。

　　如表 3-7-1、图 3-7-1 所示，通过图谱分析可以发现，三十多年来，国际私立教育研究的国家主要是西方发达国家，其中美国占据绝对优势，发表成果远高于其他国家；此外，巴西、中国等金砖国家也进入前十位，说明随着金砖国家经济的增长，教育研究上的影响力也越来越大。值得注意的是，马来西亚学者发表的成果虽然不多，但其中心性位于美国和英国之后，高居第三位。

表 3-7-1 1983 年以来民办教育相关文献的国家分布表

| 序号 | 频次 | 中心性 | 国家 | 序号 | 频次 | 中心性 | 国家 |
|---|---|---|---|---|---|---|---|
| 1 | 358 | 0.59 | USA(美国) | 6 | 30 | 0.03 | SPAIN(西班牙) |
| 2 | 88 | 0.27 | BRITAIN(英国) | 7 | 27 | 0.03 | GERMANY(德国) |
| 3 | 53 | 0.06 | BRAZIL(巴西) | 8 | 23 | 0.00 | CHINA(中国) |
| 4 | 37 | 0.00 | CANADA(加拿大) | 9 | 19 | 0.19 | MALAYSIA(马来西亚) |
| 5 | 31 | 0.04 | AUSTRALIA(澳大利亚) | 10 | 17 | 0.00 | TURKEY(土耳其) |

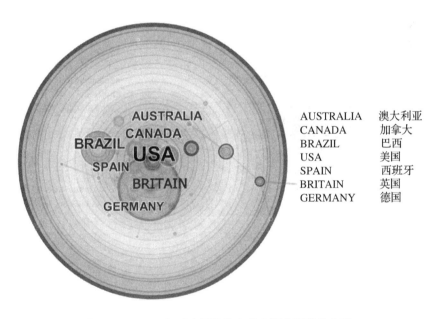

图 3-7-1 1983 年以来国际私立教育研究国家分布图

### 2. 国际私立教育研究的热点领域

如表 3-7-2、图 3-7-2 所示，通过 CiteSpace 关键词共现分析发现，国际私立教育研究关注点在于私立教育的选择、成就、质量、绩效、政策、竞争，教育券制度的研究也成为私立教育领域研究的一个热点。此外，私人辅导和影子教育逐渐成为研究的热点，其频次和中心性均进入前十位。

表 3-7-2　1983 年以来国际私立教育相关的文献分析表

| 序号 | 频次 | 中心性 | 关键词 | 序号 | 频次 | 中心性 | 关键词 |
|---|---|---|---|---|---|---|---|
| 1 | 62 | 0.14 | choice(选择) | 6 | 22 | 0.07 | competition(竞争) |
| 2 | 55 | 0.10 | achievement(成就) | 7 | 19 | 0.02 | private tutoring(私人辅导) |
| 3 | 44 | 0.09 | quality(质量) | 8 | 19 | 0.03 | voucher(教育券) |
| 4 | 34 | 0.10 | performance(绩效) | 9 | 17 | 0.05 | privatization(私有化) |
| 5 | 23 | 0.14 | policy(政策) | 10 | 16 | 0.02 | shadow education(影子教育) |

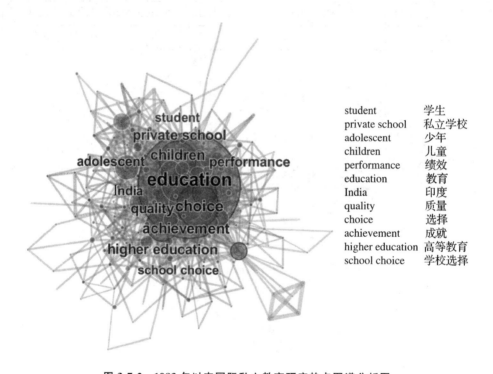

| | |
|---|---|
| student | 学生 |
| private school | 私立学校 |
| adolescent | 少年 |
| children | 儿童 |
| performance | 绩效 |
| education | 教育 |
| India | 印度 |
| quality | 质量 |
| choice | 选择 |
| achievement | 成就 |
| higher education | 高等教育 |
| school choice | 学校选择 |

图 3-7-2　1983 年以来国际私立教育研究热点图谱分析图

# 一、政府政策与私立教育改革发展研究

受财政水平、市场需求多样化等因素影响，很多国家不同程度上将私立教育作为缓解财政紧张、增加教育机会、促进教育公平的途径之一。私立学校在增加教育机会、促进教育公平方面的效果到底如何呢？各国学者从不同角度对该问题进行了评估分析。已有研究主要集中在两个方面：一是分析政府私立教育扶持政策，二是评估政府教育改革对私立教育发展的影响。

## (一)政府扶持与私立教育发展研究

受高等教育财政压力的影响，各国私立高等教育财政政策普遍由顺其自然向实施多元化资助转变，从直接性财政资助到许可私立高校收取学费，从推动私立高等教育市场化运营到引进外国高等教育资源，多渠道筹资是各国发展私立高等教育的共同经验。政府资助私立高等教育经费主要用于教学与科研、学生资助及日常经费等领域。具体来看，美国、日本、韩国等国私立高校发展起步较早，在财政资助方面积累了较为丰富的经验，其财政资助体系趋于稳定和完善。随着经济社会对高等教育需求的变化，英国、澳大利亚、新西兰等国政府也在不断调整扶持政策，探索更有效的财政资助方式。这些国家私立教育扶持政策调整动向逐步显现出一些共性特点：健全法律制度体系，增强透明度和可操作性；完善资助机制，注重发挥税收政策的效力；财政拨款比重趋于稳定，竞争性项目比例上升；以学生为主要资助对象，建立无差异的学生资助制度；以契合国家需要为标准，确定提供资助的对象。

私立学校人均成本不到公立学校的三分之一，因此，尽管私立学校效率更高，但很难达到更高的标准。印度学者据此认为利用教育券制度让学生进入私立学校，是一项重要的改革。教育券以及其他私立学校入学补贴计划增加了公共财政对私立学校的投入，政府一美元资助可以使私立学校收入增加一美元或者更多。不同财政资助项目对私立学校招生的影响有所区别：针对特定群体的资助计划可以大幅度提高入学率，但不会影响学费；没有限制的补贴项目会导致学费上涨，但对入学率没有影响。2006 年，肯尼亚教育部制定了幼儿发展教育(early childhood development education，ECDE)服务标准指南，为幼儿发展教育服务提供者提供指导。在政府指导指南出台后，肯尼亚幼儿教育中心的教室和家具条件并没有明显变化，公立和私立幼教中心的供水、卫生和娱乐设施也没有明显差异。改变这一现象，进一步提高公立和私立幼儿教育中心的服务质量，需要教育部为学前教育中心提供基础设施资金。

近年来，美国经济下滑对高校财政收入产生了很大影响，尤其是那些规模较小、经费较匮乏的学校，在经济危机的影响下，缺乏必要的财政收入。但一系列研究发现，尽管有些学校仍在"挣扎"度日，但部分学校不仅成功应对了财政收入缩减造成的影响，还有效利用了这种破坏性影响并获得了成长。这其中的一个重要因素就是组织应对对组织有效性的影响，也就是组织弹性（organization resilience）。对小型非营利性私立学校的研究发现，组织弹性因素在组织衰落期间对维持组织有效性具有积极作用。尤其是在组织下滑期间需要维持组织有效性时，目标定向寻求解决方案与回避行为具有显著的协同作用。

## (二)政府教育改革对私立教育发展的影响研究

近年来，英国对私立教育的争论较为激烈，主要围绕私立学校的公平性、慈善特点、公共利益、社会排他性、培养精英阶级等方面展开。有学者认为，私立教育可以是良性无害的，除非阻止人们利用自己的财富去做伤害他人的事情，否则废除私立教育无济于事。在私立学校，班主任和其他利益相关者倾向于利用学校招收的公立学校学生、本地社区公民、受益于学校学生的其他慈善机构、依靠学校培养有责任心公民的社会来诠释学校的公益性目标和义务。私立学校通过从事公益事业、谋求公益活动与成本之间的平衡，实现自身的目标，而不是仅限于达到监管机构设定的最低标准。这些都为英国政府制定教育资源再分配政策提出了挑战。与英国相区别，一些国家已经通过私立教育改革来促进教育公平并付诸实践了，但不同国家取得的效果相差很大。

为改善教育不公的现象，有些国家提高了公立教育供给。学者们较为关注这一措施是否会挤出私立教育。有学者利用 2000 年至 2006 年的数据，分析巴西公立学前教育供给量提升对私立教育机构数量的影响，发现地方公立学前教育服务的大量增加，并没有挤压私立学前教育机构的入园人数，也没有对私立学前教育提供者的质量产生消极影响。这一发现与已有理论观点相符合，即家庭的学前教育服务支付意愿有差别，私立服务提供者应对低质量、免费公共服务供给增加的最佳选择是调整价格。不同需求段内家庭的支付意愿差异的存在，解释了公立学前教育机构增加却不会挤出私立学前教育的合理性。研究结果表明，在发展中国家收入不平等较为严重的背景下，公立学前教育供给增加可能会显著增加最贫困社会阶层的入园率，但不会对地方私立学前教育供给的质量或数量产生影响。美国学者利用两年一次的国家教育统计中心（NCES）私立学校调查数据，分析了特许学校改革对密歇根私立学校的影响，同样发现特许学校发展与私立学校入学人数减少之间没有因果关系。

# 二、私立教育发展对教育公平的影响研究

虽然越来越多的研究充分证明，"低费"私立小学能够为贫困群体提供服务，但是这类学校主要集中在人口密集、有利于市场发展和竞争的城市。在不同国情中，私立学校服务的群体不同，其功能侧重点也有所差异。国际上多数研究仍聚焦于私立教育对处境不利儿童或者家境贫困儿童入学机会的影响。

## (一)私立教育发展对教育公平的促进研究

对意大利地区性政府优惠券计划的研究发现，私立小学可以为处境不利学生(移民学生和家庭经济社会背景不利学生)提供更好的服务，有助于促进整个教育系统的机会平等。为推进学生教育机会平等，土耳其政府近年来出台了一项教育政策，计划关闭所有的私立补充教育中心(private supplementary education centers)，除非补充教育中心成功转设为私立学校。学者利用教育政治经济学模型进行研究发现，在政府给予私立补充教育中心转变为私立学校的选择之后，机会不公变量(variance of achievement / inequality of opportunity)增长了23.5%，而平均差异(mean achievement)减少了1.74%，即该项政策反而降低了教育机会的公平性。私立高等教育发展可以扩大教育机会，推动高等教育大众化或普及化；增加教育投入，缓解政府高等教育财政紧张；引入竞争机制，促使公立高校与私立高校提高办学效率。

## (二)私立教育发展对教育公平的负面影响研究

在大多数发展中国家，私立高等教育缺乏普惠性，事实上成为一个主要服务于中产阶级的部门，弱势群体从中受益较少。在印度，传统上私立学校广受教育水平较高和富裕家庭的偏爱，并倾向于录取男生。随着私立教育大发展以及教育权利法案的实施，私立学校招生模式也发生了改变，农村地区不同阶层学生私立学校入学率差距、各州贫困学生和非贫困学生之间私立学校入学率差距缩小。但也有学者通过对比中国和印度公立和私立基础教育，认为中国基础教育招生人数、入学率、毕业率、性别比例以及接受高等教育的人数都明显高于印度得益于中国政府对公立教育的重视。因此，他们认为在发展中国家，重视公立教育对普

及基础教育的推动作用大于鼓励私立教育发展。有学者利用肯尼亚、坦桑尼亚、乌干达的家庭调查数据，分析私立学校教育对不同家庭经济状况儿童核心素养和计算能力的影响，发现在肯尼亚和乌干达，相对于在公立学校接受教育的同辈群体，在私立学校就读的儿童学习成绩更高，但是私立学校家庭最贫困儿童的学习成绩仍然较低或者与公立学校中家庭最为富裕的儿童持平。在坦桑尼亚，私立学校没有提高家庭较贫困儿童的学习水平，但提高了家庭较富裕儿童的学习水平。研究结论对私立教育可以在多大程度上缩小教育机会不公提出了疑问。

在尼日利亚农村地区，贫困学生也无法享受私立教育。一项调查显示，尼日利亚某省 40％ 的最贫困人口中，只有 3.3％ 的儿童可以进入私立小学，农村地区学生在私立小学学生中的比例仅为 13％。在南非，可负担的私立学校并不能满足南非贫困儿童的需求，私立学校的"可负担性"也受到了质疑。南非私立学校的崛起恰好与后殖民时期大多数黑人中产阶级的出现相吻合，而"可负担性"这一术语从作为一种话语工具的意义上，模糊了阶级兴趣和分配选择并塑造了南非的教育体系。这为倾向于扩大私立教规模的社会力量——国家和亲市场派说客组成部分——以社会正义的名义来发展私立教育提供了便利。政府对所谓"可负担性"或"低费"私立学校的模糊态度反映了国家领导人在两个对立目标之间微妙的平衡行为。这种行为是由政府保守的宏观经济模式决定的，这种经济模式限制了公共教育的财政空间。

# 三、私立学校学生发展研究

国际上对私立学校学生发展的研究较为具体，主要集中在学生行为习惯、心理发展和学业成绩等方面，并且部分研究对公立和私立学校学生发展水平进行了对比分析。

## (一)私立学校学生发展研究

已有研究倾向于利用问卷调查或借助学生学习档案材料等，对私立学校学生的行为习惯、心理特点和学业成绩进行分析。

对黎巴嫩 9 所私立学校 1982 名 11～20 岁学生的社会人口特征、烟酒消费等健康相关行为进行调查发现，样本私立学校学生中消费卷烟、水烟以及酒类的学生比例分别为 10.3％、16.9％、42.4％，男生烟酒消费者比例显著高于女生。私立学校学生烟酒消费与年龄、地区、社会经济特征、与家人的关系、家庭和随行人员影响、与朋友相处的时间、醉酒、能量饮料消费、体重、自我健康评估、电子媒体交流等具有显著联系，并且大部分学生采取过冒险性行为。对巴西私立学校 14～18 岁 862 名学生的调查发现，久坐不动的生活方式在女生中更为常见，公立和私立学校中女性性别与久坐不动的生活方式直接相关并且是唯一与"久坐主义"相关的自变量。对一所著名私立高校预备中学 8586 名申请人自我效能感、控制力和内部动机、四年以后的学业成绩与非认知方式的调查发现，被录取学生各方面得分高于未被录取学生。以一所向贫困学生提供免费中学教育的私立学校为对象，随机抽取进入该校福利项目和没有进入该校福利项目的学生，并将该校一些特点——选拔人才的能力、高期待文化、安全有序的环境、差异化教学、延长教学时间、高度的父母参与、丰富的课外活动——与其他高度集权的公共教育体制进行对比，发现私立学校教育对学生升学率和学业目标具有很大的积极影响。

## (二)公立和私立学校学生发展水平比较研究

公立和私立学校作为两种不同的教育系统，为学生提供的教育环境和条件是不同的。将公立学校学生发展作为对照，一定程度上可以反映出私立学校学生发展的长处与不足。

对巴西 2180 名公立和私立小学学生(1693 名来自公立学校，487 名来自私立学校)的调查发现，私立学校学生体重超重的可能性比公立学校学生高 1.63 倍，肥胖的可能性比公立学校学生高 2.88 倍。对不同社会阶层、性别和年龄的 430 名 7～14 岁私立学校和公立学校学生的愿望和感恩表达进行对比分析发现，私立学校学生的社会取向愿望(social-oriented wishes)和联结感恩(connective gratitude)更为明显，而公立学校学生的个人取向愿望(self-oriented wishes)更为明显。对巴基斯坦公立和私立学校 120 名 13～18 岁青少年学生害羞水平的调查则发现，公立和私立学校学生之间的害羞水平没有显著差异。有研究通过测量印度两个邦私立学校学生综合性标准化数学测试成绩，分析就读私立中学对学生认知能力的影响，发现其中一个邦农村私立学校学生的得分高于公立学校同辈群体，另一个邦公立和私立学校学生得分没有显著差别。一项对澳大利亚、英国和美国公立学校学生高中后学习成绩的实证研究发现，与公立学校学生相比，私立学校学生更优秀的家庭背景、更高的学业成就是该群体更有可能进入大学并获得专业工作岗位的重要原因。但是，即使将家庭背景、高中学业成绩考虑在内，公立和私立学校学生之间人生后期发展依然存在巨大差异。

# 四、私立学校教师发展研究

教师是私立学校发展的基础。国际私立学校教师研究主要集中在教师能力素养、专业发展和队伍建设等方面。

## (一)私立学校教师能力素养研究

一项对印度某地区 234 名私立高校讲师个人素养与人力资源开发情况的调查分析发现，个人素养是提高讲师表现的基础，是影响个人表现的最重要变量，即讲师个人素养越高，表现越好。捷克学者通过对私立高校 218 名学生的调查，从学生视角评价了私立高校教师的能力。私立高校教师创造的积极氛围、为学生提供表达个人见解的机会等能力和表现最受学生关注。一项对公立和私立高校学生的问卷调查发现，私立高校学生对教师教学、交流方式、人际沟通风格、师生交流频率、交流培养等教师教学沟通素养的满意度高于公立高校学生。研究结果还显示，教师努力、学生对知识的理解以及教师给予学生表达机会的意愿之间具有一种依赖关系。有研究利用问卷和访谈对伊拉克公立和私立高校 439 名教职工和 10 名领导者进行调查，了解变革领导力对产品创新和过程创新的影响以及这些影响之间的区别，发现私立高校教职工和领导者的变革领导力在提高产品和过程创新过程中具有关键作用，并且这种方式能够促进学校提升创新策略，是一种符合伊拉克教育情境的理想方式。

学生评价能力是教师教学能力的重要组成部分。利用斯塔弗尔比姆开发的CIPP(Context，Input，Process and Product，背景、输入、过程、成果)评估模型，对黎巴嫩私立特殊学校教师与行政管理人员的学生评价实践伦理、评价培训和准备、评价参与、评价影响及其对具有学习障碍学生的评价等进行分析发现，私立特殊学校学生评价实践主体性别失衡严重，女性教师占据主体地位，并且伦理评价的标准明显有误。评估结果显示，受教师教育的影响，近一半的教师和行政管理人员在评价学生表现方面准备不足，学生评价工作中行政管理人员的参与多于教师；尽管特殊教育教师认为其他的评价方式很重要，但其评估实践仍带有传统方法的印记；教师和行政管理人员意识到了学生评价对学校各方面的积极影响。

## (二)私立学校教师教育改革研究

一项研究利用定性和定量方法，以肯尼亚 5 所特许私立高校教育学院主任、系领导、施训教师、受训教师、大学教育委员会工作人员以及教师服务委员会工作人员为对象，对肯尼亚私立高校教师教育课程改革管理进行分析。结果显示，大学按照课程专家推荐的既定程序实施改革，但是在程序失败时会寻找替代方案。这主要是由肯尼亚私立高校的规模、存在的问题和对象以及私立高校独特性所导致的教师教育项目的复杂性引起的。因此，私立高校在教师教育改革中，不但要遵循既定程序，还要寻找替代方案，同时多咨询大学教育委员会和教师服务委员的意见，努力实现改革目标。

## (三)私立学校教师队伍建设研究

智利在全国范围内实行教育券制度(school voucher systems)的长期实践在国际上较为引人注目。当前，教育券制度为私立学校吸引更优秀的教师提供了便利，损害了公立学校的利益，饱受学界批评。一项研究利用智利纵向数据评估了教师和非教师劳动力人口供给决定的离散选择动态规划模型(a discrete choice dynamic programming)，探索薪酬制度对公立和私立学校教师劳动力构成的影响。结果发现，私立学校教育券吸引的教师比公立学校优秀，并且吸引了生产力更高的个体从事教师职业。

# 五、私立学校教育质量研究

高等教育越来越被视为一种服务行业，满足学生这一消费群体的期待和需求也越来越受重视。尽管私立高校收费高于公立高校，但研究发现，社会对私立高校的需求以及私立高校的招生总量不断增长。一项对津巴布韦 6 所私立高校学生的调查发现，影响学生选择私立学校的因素按照重要性依次为入学机会、招生宣传信息与营销、他人影响、教学质量、费用和成本结构以及学校声誉与认可度。在印度尼西亚，私立学校资金不足且无证教师、无薪教师比例较高，教学质量不及公立学校，但由于私立学校侧重于宗教训练和教育并能够增加低收入家庭儿童入学机会，社会对私立学校的需求仍较高，私立中学招生人数在中等教育招生总量中的比例接近 40%。孟加拉国私立高校学生认为，学校教学质量的决定因素包括教师资格、行政服务、图书馆服务、基础设施、职业前景和财政资助。虽然孟加拉国人均国民收入近年来有所增加，但由于私立高校学费增长与财政资助以及奖学金之间的不平衡，私立高校的教育成本并不合理。

由于竞争日益激烈，许多私立高校面临生源下降、教学和服务质量低下等问题。一项对美国哥伦比亚 12 所"低费"私立高校 700 名本科生和研究生的调查发现，大部分本科生认为学校教学质量差，想进入其他大学学习；本科生和研究生均不能确定能否找到工作，并且担心缺乏必要的技能。马来西亚的一项研究，基于私立高校服务质量学生评价，明确了评价教育机构行业服务质量的构成要素，即有形服务、同情心、保障、可靠性和响应性。马来西亚的另一项研究显示，公立和私立高校学生对学校的评价或偏好非常相似，教师教学能力并不是评估学校质量的一个重要标准，而且公立和私立高校学生对学校质量的评价侧重于学校的学术声誉而非质量。对埃塞俄比亚 6 所私立高校管理者的调查发现，在资金不足、合格教师匮乏、基础设施差、学生素质较低、监管歧视等背景下，私立高校在平衡政府要求与利益相关者需求方面不断受到挑战。提高私立高校教育质量需要进一步强化治理效果，确保私立高校吸纳足量的合格教师，建立质量保证机构并加强跨部门公平监管，完善相关法律法规体系。

# 参考文献

[1]Abdo R，Zeenny R，Salameh P. Health Behaviors Among School-Aged Children：a Cross Sectional Study in Lebanese Private Schools[J]. International Journal of Mental Health & Addiction，2016，14(6)：1-20.

[2]Agasisti T，Murtinu S，Sibiano P. The Heterogeneity of the "Private School Effect" in Italian Primary Education[J]. CESifo Economic Studies，2016，62(1).

[3]Alhusseini S，Elbeltagi I. Transformational leadership and innovation：a comparison study between Iraq's public and private higher education[J]. Studies in Higher Education，2016，41(1)，pp. 159-181.

[4]Alcott B，Rose P. Does private schooling narrow wealth inequalities in learning outcomes? Evidence from East Africa[J]. Oxford Review of Education，2016，42.

[5]Anderson D M，Taggart G. Organizations，Policies，and the Roots of Public Value Failure：The Case of For-Profit Higher Education[J]. Public Administration Review，2016，76(5)：779-789.

[6]Ashraf M A，Osman A Z R，Ratan S R A. Determinants of quality education in private universities from student perspectives[J]. Quality Assurance in Education，2016，24(1)：123-138.

[7]Aubry S，Dorsi D. Towards a human rights framework to advance the debate on the role of private actors in education[J]. Oxford Review of Education，2016，42(5)：1-17.

[8]Azam M，Kingdon G，Wu K B. Impact of private secondary schooling

on cognitive skills: evidence from India[J]. Education Economics, 2015, 24: 465-480.

[9]Balsa A I, Cid A. A Randomized Impact Evaluation of a Tuition-Free Private School Targeting Low Income Students in Uruguay[J]. Journal of Applied Economics, 2016, 19(1): 65-94.

[10]Balsera M R, Dorsi D, Termes A, et al. Private actors and the right to education[J]. Compare: A Journal of Comparative and International Education, 2016, 46.

[11]Bastos P, Straume O R. Preschool Education in Brazil: Does Public Supply Crowd Out Private Enrollment? [J]. World Development, 2016, 78: 496-510.

[12]Behrman J R, Tincani M M, Todd P E, et al. Teacher Quality in Public and Private Schools under a Voucher System: The Case of Chile[J]. Journal of Labor Economics, 2016, 34(2): 1-47.

[13]Booton C M. Faculty Perceptions of Administrator Influence on Academic Quality in For-Profit Vocational Higher Education[J]. Journal of Continuing Higher Education, 2016, 64.

[14]Chakrabarti R, Roy J. Do charter schools crowd out private school enrollment? Evidence from Michigan[J]. Journal of Urban Economics, 2016, 91: 88-103.

[15]Cheung A C K, Randall E V, Man K T. The development of local private primary and secondary schooling in Hong Kong, 1841-2012[J]. International Journal of Educational Management, 2016, 30(6): 826-847.

[16]Chudgar A, Creed B. How are private school enrolment patterns changing across Indian districts with a growth in private school availability? [J]. Oxford Review of Education, 2016, 42: 1-18.

[17]Chui T B, Ahmad M S B, Bassim F B A, et al. Evaluation of Service Quality of Private Higher Education Using Service Improvement Matrix[J]. Procedia-Social and Behavioral Sciences, 2016, 224: 132-140.

[18]Elsahelielhage R, Sawilowsky S. Assessment practices for students

with learning disabilities in Lebanese private schools: A national survey[J]. Dissertations & Theses-Gradworks, 2016.

[19]Garwe E C. Increase in the demand for private higher education: unmasking the "paradox"[J]. International Journal of Educational Management, 2016, 30(2).

[20]Härmä J. School choice in rural Nigeria? The limits of low-fee private schooling in Kwara State[J]. Comparative Education, 2016, 52(2): 26-27.

[21]Hartijasti Y, Afzal S. Leadership Competences of School Priciples: The case of Urban and Rural Private Schools in Pakistan[J]. Polish Journal of Management Studies, 2016, 14(2): 71-81.

[22]Hungerman D M, Rinz K. Where does voucher funding Go? How large-scale subsidy Programs Affect Private-School revenue, enrollment, and prices[J]. Journal of Public Economics, 2016, 136: 62-85.

[23]Ibrahim, Meimoon. Effects of Competence on Lectures' Performance at Private Higher Education Institutions in Gorontalo Province, Indonesia[J]. Turkish Online Journal of Design Art and Communication, 2016, (6): 3226-3234.

[24]Jerrim J, Parker P D, Chmielewski A K, et al. Private Schooling, Educational Transitions, and Early Labour Market Outcomes: Evidence from Three Anglophone Countries [J]. European Sociological Review, 2016, 32 (2): 98.

[25]Languille S. Affordable'private schools in South Africa. Affordable for whom? [J]. Oxford Review of Education, 2016, 42: 1-15.

[26]Kiran A M. Level of Shyness among the Public and Private Schools Adolescents (13-18 Years): A Comparative Study[J]. Procedia-Social and Behavioral Sciences, 2016, 217: 858-866.

[27]Moran K A. Organizational resilience: Sustained institutional effectiveness among smaller, private, non-profit US higher education institutions experiencing organizational decline[J]. Work, 2016, 54(2): 267.

[28]Mourgues C V, Hein S, Tan M, et al. The role of noncognitive fac-

tors in predicting academic trajectories of high school students in a selective private school[J]. European Journal of Psychological Assessment, 2016, 32(1): pp. 84-94.

[29]Naidu P, Derani N E S. A Comparative Study on Quality of Education Received by Students of Private Universities versus Public Universities[J]. Procedia Economics & Finance, 2016, 35: 659-666.

[30] Nel Páez, Pedro; Teelken, Christine. Perceived Quality of Private Education and Fears of Stratification: Investigating the Propositions of Human Capital Theory by Exploring the Case of Colombia. [J]Policy Futures in Education, 2016, 14(6).

[31]Nascente F M, Jardim T V, Peixoto M D, et al. Sedentary lifestyle and its associated factors among adolescents from public and private schools of a Brazilian state capital[J]. Bmc Public Health, 2016, 16(1): 1177.

[32]Sitati E M, Ndirangu M, Kennedy B, et al. Implementation of early childhood development education service standard guidelines on physical facilities in public and private early childhood education centres Kakamega County, Kenya[J]. Early Child Development & Care, 2016, 186: 1-14.

[33]Smith W C, Joshi D K. Public vs. private schooling as a route to universal basic education: A comparison of China and India[J]. International Journal of Educational Development, 2016, 46: 153-165.

[34] Stern J M B, Smith T M. Private secondary schools in Indonesia: What is driving the demand? [J]. International Journal of Educational Development, 2016, 46: 1-11.

[35]Tooley J. Extending access to low—cost private schools through vouchers: an alternative interpretation of a two-stage "School Choice" experiment in India[J]. Oxford Review of Education, 2016, 42: 1-15.

[36] Vnouckova, Lucie; Urbancova, Hana; Smolova, Helena. Quality Evaluation of Management Education in Private University in the Czech Republic: Case Study[J]. 10th International Days of Statistics and Economics, 2016: 1978-1986.

[37]White J. Justifying Private Schools[J]. Journal of Philosophy of Education，2016，50(4)：496-510.

[38]Muharrem Yeşilırmak. A Quantitative Analysis of Turkish Private Education Reform[J]. European Journal of Political Economy，2016，45.

[39]Yirdaw A. Quality of Education in Private Higher Institutions in Ethiopia：The Role of Governance[J]. Sage Open，2016，6(1).

[40]范跃进，张继明. 国际视野中的私立高等教育经费政策探微. 国家教育行政学院学报，2016(4).

[41]蒋凯. 全球私立高等教育发展影响的批判性分析. 复旦教育论坛，2016(3).

[42]史少杰，周海涛. 国外私立高校财政资助的特点与趋势. 中国高等教育，2016(18).

# 后　记

《中国民办教育发展报告 2016》主要着力于我国民办高校发展概况和民办高校系统内部尤其是教师和学生发展情况。在总结《中国民办教育发展报告 2012》《中国民办教育发展报告 2013》《中国民办教育发展报告 2014》《中国民办教育发展报告 2015》的编撰经验的基础上，北京师范大学民办教育研究团队调整了发展报告撰写的思路和框架，积极梳理、收集和积累数据，经过多位教师、学生近一年的努力，于 2017 年上半年完成了《中国民办教育发展报告 2016》的编撰工作。

《中国民办教育发展报告 2016》定位于当前我国教育综合改革背景下，民办高校师生发展所面临的热点和难点问题。通过尽可能全面、系统的选题，呈现出当前我国民办高校师生发展现状，为进一步推进以提高质量为根本、以特色发展为核心的民办教育发展提供理论依据和实践参考。报告着重突出现代研究方法的规范化运用，用数据说话，通过图表与分析结合的方式更加直观、清晰地呈现当前我国民办教育发展的图景，由此得出的研究结论也具有一定的借鉴意义。

本报告是研究团队共同劳动和集体智慧的结晶。全报告具体分工为：周海涛负责全报告的结构和框架，提出报告的研究思路和撰写大纲，主持审稿、统稿和定稿工作；第一章、第二章、第四章由张墨涵撰写；第三章由李彤撰写；第五章由郭二榕撰写；第六章、前言、后记由朱玉成、周海涛撰写；第七章由史少杰撰写；量化数据由张墨涵、罗炜处理；图表由罗炜、李彤绘制。全报告由周海涛、钟秉林进行多轮调整完成统稿，朱玉成、郭二榕、罗炜等人参与修订、校对、排版工作，景安磊、刘永林、闫丽雯、李虔、方芳、马艳丽、梁晶晶、施文妹等人参与了前期材料的收集整理。

本报告得到教育部发展规划司特别是民办教育管理处的一贯指导和大力支持，受到教育部社会科学司和北京师范大学的科研经费支持。北京师范大学出版社高度重视此项工作，有力推动完成了本书的出版工作。在研究过程中，北京师范大学和教育学部的领导们、专家们给予了大量的帮助和指导。同时，本报告借鉴了许多同行专家的精到见解和宝贵意见，吸收了部分省市民办教育改革和发展的创新成果。在此，向本研究所有的支持者们，向参与本报告撰写的同志们，以及对本报告给予帮助和指导的领导们、专家们一并谨表衷心感谢！

由于时间和水平有限，报告存在的疏漏与不足，恳请广大读者予以批评指正。

课题组

2017 年 7 月